Alguém para quem **olhar**

LUIGI MARIA EPICOCO

Alguém para quem **olhar**

Por uma espiritualidade do testemunho

Paulinas

Dados Internacionais de Catalogação na Publicação (CIP)
Angélica Ilacqua CRB-8/7057

Epicoco, Luigi Maria
Alguém para quem olhar : por uma espiritualidade do testemunho / Luigi Maria Epicoco ; tradução de Hugo C. da S. Cavalcante. - São Paulo: Paulinas, 2025.
216 p.

ISBN 978-65-5808-378-8
Título original: Qualcuno a cui guardare: Per una spiritualità della testimonianza

1. Vida cristã 2. Espiritualidade 3. Testemunhos (Cristianismo) I. Título II. Cavalcante, Hugo C. da S.

25-2972 CDD 248.4

Índice para catálogo sistemático:

1. Vida cristã

1ª edição – 2025
Título original da obra: *Qualcuno a cui guardare: Per una spiritualità della testimonianza*

Direção-geral: *Ágda França*
Editora responsável: *Marina Mendonça*
Tradução: *Hugo C. da S. Cavalcante*
Copidesque: *Ana Cecilia Mari*
Revisão: *Mônica Elaine Costa*
Coordenação de revisão: *Marina Mendonça*
Gerente de produção: *Felício Calegaro Neto*
Produção de arte: *Claudio Tito Braghini Junior*
Imagem capa: © *freepick*

Cadastre-se e receba nossas informações
paulinas.com.br
Telemarketing e SAC: 0800-7010081

Paulinas
Rua Dona Inácia Uchoa, 62
04110-020 – São Paulo – SP (Brasil)
(11) 2125-3500
editora@paulinas.com.br

Por causa de meus irmãos e de
meus amigos, vou falar-te de paz!
Salmo 122,8

Este livro é dedicado a Crocifisso Tanzarella.

SUMÁRIO

Premissa ... 11

Prólogo
(ou sobre por que mudar a perspectiva pode mudar toda a história) ... 17

I – Fraqueza
(ou sobre por que Deus forma testemunhas a partir da sua miséria, e não dos seus talentos) ... 45

II – Cruz
(ou sobre por que o Senhor nos salva por meio da nossa fraqueza) ... 69

III – Verdade
(ou sobre por que, sem ela, o Amor e o testemunho não têm espinha dorsal) ... 97

IV – Acompanhar
(ou sobre por que um cego não pode guiar outro cego) ... 119

V – Relacionamentos
(ou sobre por que é difícil salvar-se sem amigos) ... 143

VI – Cotidianidade
(ou sobre por que as coisas comuns são as melhores para nos tornarmos santos) ... 169

VII – O Espírito
(ou sobre por que sem sua força não podemos ir longe) ... 191

Breve epílogo ... 211

PREMISSA

"As pessoas olham para vocês!"

Permaneceu indelével em mim essa recomendação que os superiores nos faziam quando, pouco mais que crianças, éramos ainda estudantes do seminário menor de Ostuni, na província de Brindisi, na Itália.

Na verdade, acontecia que, a pé, partíamos do imenso edifício do seminário, construído nos anos 1950 por um zeloso sacerdote, e atravessávamos toda a cordilheira que ligava aquele pedaço de terra, localizado na entrada da *cidade branca*, para chegar até o topo no centro histórico, na antiga catedral. Ou nos detínhamos um pouco antes, parando sedentos no mosteiro das beneditinas, que, com a acolhida que nunca faltava, nos dessedentavam com uma limonada, cujo sabor e bondade jamais reencontrei em nenhum lugar do mundo que tenha visitado.

Exatamente ao longo desse trajeto, os superiores nos lembravam, frequentemente, de que as pessoas sabiam muito bem quem éramos. Reconheciam-nos pela batina que usávamos ou, mesmo sem ela, pelas nossas roupas bastante simples, geralmente em tons escuros.

Não devíamos esquecer-nos de que, embora crianças, as pessoas nos olhavam. Queriam vislumbrar em nós algo que se encaixasse realmente com a fé cristã. Essa recomendação deveria limitar, o quanto possível, a nossa tendência adolescente de fazer brincadeiras ou barulho pela estrada, ou, pior ainda, de parar muitas vezes nos bares que encontrávamos ao longo do caminho, aproveitando-nos do fato de que, logo que reconhecidos, alguém certamente nos ofereceria sorvete ou algum doce.

Com o tempo, entendi que essa recomendação, por mais preciosa que fosse, tinha um valor ainda mais profundo quando considerada de forma "invertida", isto é, do ponto de vista de quem sente uma tremenda necessidade de ter diante dos olhos alguém que lhe ensine "a arte de viver". Na verdade, todos nós temos necessidade de ter "alguém para quem olhar". Ou seja, procuramos exemplos concretos que nos façam entender como se faz para viver.

Não são as coisas que se aprendem na escola nem a boa educação que se recebe em casa: a coisa mais importante são as pessoas que, por algum motivo, às vezes misterioso, tornam-se decisivas na nossa vida, a ponto de deixarem sua marca em nós. Quando encontramos alguém assim, olhamos para essa pessoa sem nos cansar. É o argumento vencedor do testemunho que sempre se destaca contra toda pregação feita somente de palavras e raciocínios.

Todos nós precisamos de testemunhas para as quais olhar. E todos somos chamados a ser uma – sem imaginar que possa existir uma técnica ou um curso que nos habilite a isso.

O testemunho é, simplesmente, a consequência de uma vida vivida de um certo modo.

A verdadeira testemunha não se esforça em parecer como tal. Está mais preocupada em aderir interiormente ao que reconheceu como verdadeiro.

Este livro não surgiu, então, para nos "ensinar" a ser testemunhas. Trata-se somente de uma tentativa de dizer, de modo muito simples, o que torna nossa vida nova a ponto de nos levar a ser testemunhas.

A perspectiva correta para ler estas páginas, além disso, está em entender como elas nasceram.

Na verdade, há pouco tempo fui convidado a pregar exercícios espirituais em Collevalenza, naquele coração pulsante que é o Santuário do Amor Misericordioso, preciosa realidade nascida em torno de uma grande mulher, a Bem-aventurada Madre Esperança de Jesus.

Nos meus "sins", pronunciados às vezes com muita imprudência casual, não podia imaginar que naquele retiro estariam presentes mais de uma centena de sacerdotes. Naqueles dias, vividos com "temor e tremor" de minha parte, e muita humildade da parte desses coirmãos, quis entregar-lhes um itinerário de meditações que tinha como tema central o papel de "guia" e de "testemunha" no ministério sacerdotal.

Ao falar para esses sacerdotes, não pude evitar de dirigir-me, em primeiro lugar, ao Batismo deles, ou seja, ao chamado primordial que cada um traz dentro de si mesmo, para além da vocação específica. Por isso, cada leitor pode sentir que estas reflexões lhe são dirigidas pessoalmente, ainda que eu não tenha conseguido, por falta de tempo, ampliar o leque de exemplos e aprofundá-los mais. Uma mãe saberá aplicar estas páginas à sua maternidade. Um jovem, à própria juventude. Um enfermo, ao próprio sofrimento. E, assim por diante, para cada um.

Cada capítulo representa uma etapa de meditação, por isso aconselho que se reserve um tempo para incorporar as reflexões lidas na própria vida. Não importa quanto tempo se levará para ler este livro. Não é um romance; é só um espelho que tenta jogar luz naquele abismo que é o coração do homem.

Se for útil, será somente em relação àquele maravilhoso livro que cada um guarda no próprio coração, ao qual me refiro continuamente.

De resto, não há nada de novo e de genial, senão a contínua repetição do que o Evangelho nos ensinou. Exatamente por isso já quero colocar-me em atitude de penitência, porque sei bem que o Evangelho não precisa de mim.

Por um estranho acaso da Providência, mais uma vez me encontro concluindo as palavras deste texto exatamente enquanto estou em Jerusalém. Talvez seja somente um sinal de que esta cidade, até o fim dos séculos, continuará a ser "o grande testemunho" da passagem de Deus na história.

Agradeço a todos que, com paciência, me ajudaram a recolher as palavras pronunciadas e as anotações espalhadas. Não poderia ir muito longe se não tivesse quem me ajudasse a seguir adiante.

PRÓLOGO (OU SOBRE POR QUE MUDAR A PERSPECTIVA PODE MUDAR TODA A HISTÓRIA)

> Os apóstolos reuniram-se com Jesus e contaram-lhe tudo quanto fizeram e quanto ensinaram. Disse-lhes: "Vinde vós, a sós, a um lugar deserto e descansai um pouco!" De fato, os que chegavam e os que partiam eram muitos e não encontravam tempo para comer. E afastaram-se de barco para um lugar deserto, a sós. Muitos que os viram partir, tomando conhecimento, correram por terra, de todas as cidades, para lá e chegaram antes deles (Mc 6,30-33).

Todas as vezes que iniciamos um tempo de escuta, ao entrarmos no deserto e reservarmos um tempo só nosso, em intimidade com Jesus, surge em cada um de nós um grande desejo de deixar, fora desses dias e dessas horas, a multidão: não somente as pessoas que normalmente encontramos e que povoam a nossa vida cristã, mas, sobretudo, a multidão de preocupações, pensamentos, emoções, ansiedades, esperanças, que todos carregamos dentro de nós.

Queremos colocar de lado tudo isso e passar algumas horas com Jesus.

Quando agimos assim, tudo dura o tempo de uma travessia de barco, um tempo muito breve. Um instante depois, tudo se reapresenta.

Se estamos iniciando esta leitura com o grande desejo de colocar-nos em intimidade com o Senhor, devemos estar conscientes de que, depois, tudo se reapresentará.

Tudo na nossa mente, no nosso coração, nessas mesmas horas, nesses mesmos dias, será amplificado. Aparentemente, tudo se tornará até mesmo pior do que antes. Mas não é necessário se assustar, é completamente normal.

Toda vez que baixamos o volume e entramos autenticamente no silêncio – silêncio como ausência de palavras, de pensamentos, de preocupações, de sonhos ou de desejos –, tudo o que de autêntico trazemos dentro de nós emerge.

Geralmente, na vida cotidiana, o que vivemos não é plenamente autêntico. Todas as nossas coisas estão cobertas por um tapete: o tapete do fazer.

Estamos tão envolvidos no fazer, nas nossas ações - todos carregamos a "síndrome" de Marta –, que não temos tempo de questionar-nos o que, efetivamente, trazemos dentro de nós. Esse é o motivo pelo qual tudo o que gostaríamos de deixar para trás, na realidade, está prestes a apresentar-se diante de nós exatamente nesses momentos.

É sempre assim: tudo aquilo que queremos resolver, se entramos autenticamente em um clima de oração, apresenta-se diante de nós de maneira dramática. É esse o modo "simpático" por meio do qual Deus nos consola: pondo-nos em uma profundíssima crise.

Não se trata, aqui, de uma ideia minha, mas de algo que lemos no Evangelho.

Não falaremos, por enquanto, sobre o tema que será central nestas nossas reflexões, mas gostaria de que este prólogo fosse uma verdadeira e própria *Lectio divina*.

O texto que leremos não será tanto o do Evangelho, que também nos servirá de guia, mas seremos nós mesmos uma página do Evangelho. Faremos uma *Lectio divina* sobre essa página sagrada que é a nossa vida.

A FOME, A NECESSIDADE, A CARÊNCIA

Existe um trecho que usamos, e talvez às vezes até abusemos, sobretudo nos tempos litúrgicos fortes: as tentações de Jesus no deserto (Mt 4,1-11).

Mas, antes de examiná-lo, devemos esclarecer o conceito de deserto. O que é o deserto?

O Evangelho inicia com esta anotação: "Então Jesus foi conduzido ao deserto pelo Espírito para ser tentado pelo Diabo".

Se lermos atentamente, notaremos que há algo que não faz sentido: é o Espírito que conduz Jesus ao deserto, e o faz especificamente para que o diabo o tente.

Ensinaram-me que o Espírito Santo não tem nada a ver com o diabo, mas essa passagem do Evangelho revela uma espécie de associação ilícita entre os dois. Na verdade, parece que o Espírito tem algum tipo de pacto com o diabo. É ele, na verdade, que conduz Jesus ao deserto, para que ali enfrente a tentação, a experiência da provação.

Em tudo isso, ou existe um erro (e também na nossa percepção talvez exista um erro), ou o Evangelho está nos indicando uma realidade muito mais profunda.

Aquilo que chamamos normalmente "experiência da tentação" não é, em primeiro lugar, uma obra do mal, mas do Espírito. Nela, o mal acredita ser o protagonista, enquanto, inadvertidamente, está servindo aos interesses do Espírito, sem saber disso.

Creio que essa seja uma boa notícia para todos.

Quando fazemos a experiência do mal, temos a impressão de que o mal vence, que o mal tem astúcia, inteligência, estratégia para entrar na nossa vida e arrancar tudo o que quer. Na verdade, é sempre Deus quem permite isso. E, se o permite, é porque o Senhor vê muito mais além do que nós ou o próprio mal que somos capazes de enxergar.

Não devemos, portanto, assustar-nos se muitas vezes nos encontramos enfrentando o mal dentro de nós e ao nosso redor. Existe algo que o Espírito escondeu em uma experiência semelhante também para Jesus: é exatamente ali, no deserto, que, depois de ter jejuado quarenta dias e quarenta noites, Jesus sente fome.

A tentação começa no momento em que Jesus começa a ter fome, no momento em que começa a experimentar uma necessidade.

Se tivéssemos que definir o que é ser humano, poderíamos dizer que "somos necessidade". E, todas as vezes que experimentamos uma necessidade, é exatamente nesse momento que o mal se apresenta à nossa porta.

A sua obra de persuasão e de perversão não está tanto em fazer-nos sentir uma necessidade (isso é humano), mas em propor-nos uma solução sua para satisfazê-la. Em uma análise, talvez até um pouco simplista, quando pensamos nas nossas necessidades, sejam elas de natureza afetiva, psicológica, espiritual, humana ou física, acreditamos que o problema está exatamente nessa experiência de fraqueza que vivemos. Confundimos a tentação com a experiência da imperfeição. Mas, na realidade, a palavra *imperfeição* é a nossa mais verdadeira definição. É exatamente porque somos criaturas que somos imperfeitos.

Esse é o motivo pelo qual não deveríamos falar mal das nossas imperfeições, não deveríamos falar mal das nossas necessidades. O problema não está na experiência da fraqueza, mas no modo como o mal sugere que respondamos a ela.

Se nos reconciliássemos com as nossas imperfeições, aceitando o fato de que elas expressam a nossa humanidade, talvez conseguíssemos entender o que o Espírito quer ensinar-nos. Mas a nossa primeira forma de cegueira, por meio da qual somos incapazes de entender verdadeiramente o significado da nossa necessidade, é utilizar os óculos do moralismo.

Quando pensamos nas nossas imperfeições, temos imediatamente pressa de fazer um juízo moral. Não é essa a primeira coisa a ser feita. Não devemos definir imediatamente como bom ou mau o que sentimos, mas sim deixar que essa necessidade diga algo sobre nós, fale, revele o que talvez ainda não conheçamos sobre nós mesmos. O que nos falta se exprime, de fato, na nossa vida por meio de sintomas: às vezes, fazemos coisas erradas, mas até mesmo a nossa experiência de pecado diz algo importante sobre nós, e devemos estar dispostos a escutar o que isso nos está dizendo.

Até que não recomecemos a partir da experiência da fome, da privação, da necessidade, pensando simplesmente que Jesus provou também a mesma privação, a mesma necessidade, permanecemos bloqueados, desde o início, somente em um plano meramente moral.

Talvez não tenhamos muita dificuldade em aceitar que Jesus é o Filho de Deus, mas temos dificuldade em aceitar que ele é também Filho do homem. Isto é, que ele não é somente verdadeiramente Deus, mas também verdadeiramente homem.

Jesus nos ensinou a melhor maneira de viver a nossa humanidade. Ao olharmos para o homem Jesus, vemos exatamente o que significa ser humano e, portanto, o que cada um de nós deveria ser.

O Evangelho não tem vergonha de nos mostrar que Jesus teve fome, desconstruindo em nós a ideia de que, precisamente por ser quem é, ele não tem necessidade de nada. Jesus também tem necessidades. Tem necessidade de comer; tem necessidade de amigos e se cerca de pessoas; tem necessidade de ser entendido; tem necessidade do Pai.

Em momentos particularmente delicados da sua vida, de alegria e de sofrimento, ele sempre leva consigo os amigos. É o caso do Tabor (Mt 17,1-8) e do Getsêmani (Mt 26,37-46).

Jesus nos ensina que o primeiro passo para vivermos plenamente a nossa humanidade é reconhecer que temos necessidades. É uma reconciliação necessária: recomeçar da nossa imperfeição, da nossa fome, da nossa necessidade. E recordemos que Jesus se fez solidário com essa privação e com essa necessidade. Ele sabe o que significa quando nos falta algo, e sabe disso porque o experimentou: "Em tudo foi provado como nós, mas sem pecado" (cf. Hb 4,15).

A TENTAÇÃO

O que é a experiência da tentação?

Ela emerge potentemente, como dizíamos antes, exatamente quando a pessoa começa a ficar em silêncio, a deixar de se ocupar com as próprias coisas. Tudo o que carregamos dentro de nós, e que por muito tempo mantivemos debaixo do tapete, emerge nas feridas, nos desejos, nas esperanças, nas preocupações, no que nos falta e no que gostaríamos de ter. É a experiência do deserto: encontramos aquilo que jamais gostaríamos de enfrentar e que temos medo de cruzar, porque tememos não ter as respostas certas e as forças necessárias para enfrentar as feras ferozes que nos habitam. Desse modo, elaboramos uma técnica infalível: enchemo-nos de respostas para não enfrentar a questão. Lemos, estudamos, rezamos, trabalhamos, mas fazemos tudo de maneira a nos empanturrarmos de respostas, sem jamais enfrentarmos a questão.

Quando um monge começa o seu noviciado, a experiência mais forte que faz é a da cela, de uma cela vazia, onde não há nada. Não há nada naquele perímetro senão a si mesmo. É ali que começam a emergir coisas que ele mesmo nem sequer imaginava e das quais por muito tempo fugiu.

No início, resistimos um pouco, mas depois não conseguimos conter o que trazemos dentro de nós. É como o avançar de uma multidão confusa, diante da qual reagimos muitas vezes com raiva.

Gostaríamos de ter, com a força de vontade e os nossos raciocínios, sempre tudo em ordem. Mas isso não é possível. A nossa mente e a nossa vontade não são capazes de manter tudo sob controle. Iludimo-nos de ser capazes, e, quando nos damos conta de que não o somos, surge a raiva, a sensação de impotência, a frustração: uma mistura de sentimentos contrastantes, em que raramente encontramos a chave do problema.

O Evangelho nos ensina a maneira certa de lidar com o mundo interior que todos trazemos dentro de nós.

Voltemos a Marcos (6,33-34): "Muitos que os viram partir, tomando conhecimento, correram por terra, de todas as cidades, para lá e chegaram antes deles. Ao desembarcar, Jesus viu uma numerosa multidão e foi tomado de compaixão por eles, porque eram como ovelhas que não têm pastor, e começou a ensinar-lhes muitas coisas".

A verdadeira atitude que deveríamos ter para com essa "multidão" que trazemos dentro de nós é a compaixão, não a raiva. Deveríamos começar a sentir uma grande compaixão pelo que habita em nós.

O Evangelho diz que Jesus sentia compaixão porque eram "como ovelhas que não têm pastor", isto é, coisas com as quais ninguém se importa, ovelhas que não sabem para onde ir, e que por isso estão desorientadas.

É o sentimento de desorientação que todos trazemos dentro de nós. Jesus reage a tudo isso não com julgamento, mas com compaixão.

Olhando para a minha pequena experiência, noto que tenho muita dificuldade em ter uma atitude de compaixão em relação ao que carrego dentro de mim. E isso porque gostaria de resolver tudo, colocar tudo no lugar, controlar, catalogar, direcionar. Mas, enquanto conservarmos uma atitude de julgamento, não iremos trazer à tona o melhor, mas o pior de nós.

Penso que todos nós já experimentamos isso, pelo menos uma vez, nos nossos relacionamentos: quando dizemos amar uma pessoa, mas aquela pessoa percebe apenas julgamento vindo de nós, em vez de dar o seu melhor, ela vive em uma ansiedade de desempenho. É como se a observássemos pretensamente. O julgamento jamais traz à tona o melhor das pessoas. Somente quando elas se sentem amadas conseguem fazer emergir o melhor de si mesmas: quando se sentem acolhidas, compreendidas, acompanhadas, quando sentem um olhar de misericórdia sobre elas.

Ou deixamos de ter esse julgamento opressor dentro de nós mesmos, ou, na tentativa de sermos melhores, traremos à tona sempre o pior de nós.

A compaixão de Jesus ajuda as multidões a encontrarem novamente um pastor, encontrarem novamente uma direção.

Seria bonito se, antes de prosseguir na leitura deste livro, tirássemos algum tempo para dar nome ao que trazemos dentro de nós: dar um nome compassivo e não moralista e de julgamento.

Por exemplo, começando a pronunciar em alta voz o que desejamos verdadeiramente, mas nunca dizemos; ou o que está fazendo-nos mal neste momento e não queremos admitir; ou o que mais nos preocupa...

Devemos nos escutar.

Enquanto a multidão anônima que trazemos no nosso coração não se torna um rosto, algo que conseguimos encarar, nunca conseguiremos resolver isso.

A primeira tarefa que devemos fazer é, portanto, simplesmente reservar um tempo para dizer claramente o que estamos vivendo; como chegamos até aqui, quais as nossas expectativas ou esperanças, o que queremos esquecer, o que queremos resolver e entender. Cada um de nós carrega um pedaço da própria história.

Devemos nos deter e registrar esse pedaço de história, contando-o para nós mesmos, obviamente. Mas iria nos fazer muito bem também escrevê-la, para colocá-la diante dos nossos olhos e podermos observar o nome próprio dessa "multidão" que habita em nós.

ESCUTA!

O tempo de deserto não é, em primeiro lugar, um tempo de consolação, mas de desolação, porque é o confronto com a parte de nós que não enfrentamos nunca.

Dissemos que o primeiro modo pelo qual a nossa interioridade se manifesta é por meio da apresentação das nossas necessidades e que, comumente, não temos uma boa relação com as nossas imperfeições. Portanto, na oração deveríamos pedir ao Senhor que nos ajude a olhar para a nossa imperfeição assim como ele a olha: como aquilo que nos torna mais autenticamente humanos; estabelecer uma nova relação com a nossa imperfeição.

Dentro de nós, temos alguma coisa que nos faz mal, uma multidão de pensamentos, de emoções, de coisas positivas ou negativas, algo que serve de muro, impedindo o nosso encontro com Cristo.

Se enfrentarmos tudo isso somente com os nossos músculos – razão e vontade –, nunca nos aprofundaremos na questão. O Senhor nos diz que somente com uma atitude de compaixão, acolhida, amor, misericórdia, podemos chegar ao fundo disso.

E qual é a primeira regra do amor? A primeira coisa que uma pessoa deve fazer, se ama verdadeiramente, é escutar. Para aprender a amar-nos, o primeiro ingrediente é escutar-nos.

Devemos dar-nos a possibilidade de nos ouvirmos. O protagonista principal aqui deve ser o nosso eu narrador. O Espírito gradualmente traz à superfície tudo o que de escondido ou de latente temos dentro de nós.

Contudo, é preciso também ter cuidado: o mal não está apenas observando (não é por acaso que estamos prestes a ler o Evangelho das tentações). O mal entra no mecanismo que acabamos de descrever e tenta pervertê-lo.

COMO RACIOCINA O MAL

> Então Jesus foi conduzido ao deserto pelo Espírito para ser tentado pelo Diabo. Tendo jejuado durante quarenta dias e quarenta noites, ele teve fome. O Tentador, tendo-se aproximado, lhe disse: "Se és filho de Deus, ordena que estas pedras se tornem pães!" Ele, porém, respondeu: *"Está escrito: 'Não somente de pão viverá o homem, mas também de toda a palavra que sai da boca de Deus'"*. Então o Diabo o levou à Cidade Santa, colocou-o no ponto mais alto do Templo e lhe disse: "Se és filho de Deus, atira-te para baixo! Pois está escrito: *'Dará ordens a seus anjos a teu respeito; eles te levarão em suas mãos, para que teu pé não tropece em alguma pedra'"*. Jesus lhe disse: "Também está escrito: *'Não tentarás o Senhor teu Deus'"*. O Diabo o levou ainda a uma montanha muito alta e lhe mostrou todos os reinos do mundo com o esplendor deles, dizendo-lhe: "Dar-te-ei tudo isso, se de joelhos te prostrares diante de

> mim". Então Jesus replicou: "Vai-te, Satanás! Pois está escrito: *'Diante do Senhor, teu Deus, te prostrarás e somente a ele prestarás culto'*". Então o Diabo o deixou, e anjos se aproximaram para servi-lo (Mt 4,1-11).

Vejamos em primeiro lugar como são estruturadas as tentações. O que o diabo explora não é a coisa proposta, mas *o modo* como ela é proposta.

Percebemos uma imperfeição, e ele imediatamente diz: "Se és filho...". Estruturalmente, esse é o verdadeiro problema que todos temos: se Deus é meu Pai e me ama, se Deus diz que me ama, por que sinto que algo me falta? É desse raciocínio que parte o diabo.

Como a nós, também a Jesus ele se dirige do mesmo modo: "Se és filho de Deus...". O mal quer colocar em crise o sentir-nos filhos. As coisas que mais importam ao diabo não são tanto as nossas quedas, os nossos pecados, mas a nossa convicção mais profunda de que, talvez, não sejamos realmente filhos; a convicção mais profunda de que não sejamos amados. A raiz do nosso desespero vem do fato de que o mal põe em discussão nossa certeza de sermos filhos e de sermos amados.

São Paulo diz: "Quem nos separará do amor de Cristo? Aflição, angústia, perseguição, fome, nudez, perigo, espada?... Nem a morte, nem a vida, nem os anjos, nem os principados!" – podemos acrescentar: nem sequer os nossos pecados – "poderão separar-nos do amor de Deus que está em Cristo Jesus, nosso Senhor" (cf. Rm 8,35ss).

Se existe algo que não pode ser tocado em nós, é a vitoriosa e interior certeza de que somos filhos e de que somos amados. Essa é a base de toda a nossa espiritualidade. Mas o mal faz uso exatamente disso para pôr em discussão o amor: "Como é possível que você se diga amado e experimente a fraqueza? Como é possível que Deus diga que irá provê-lo e, ainda assim, sinta fome, fome de tudo?".

E, assim, o diabo propõe três soluções a fim de que possamos saciar a nossa fome a seu modo.

TRANSFORMAR

A primeira é a solução de *transformar*.

Em que consiste essa tentação?

É muito simples: se você tem fome? Encontre uma solução por conta própria, transformando as pedras em pão.

Existe sempre uma maneira de saciar a fome que sentimos. Qualquer coisa serve para não sentirmos essa fome. As nossas tentativas de preencher o nosso vazio são as mais variadas, e representam nossos esforços de transformar as pedras em pão, de converter as coisas em soluções.

Como se vence a tentação de transformar? Escutando.

Devemos começar a entender que, quando o Senhor nos pede continência, em tudo, não o faz por um motivo acético, formalista, farisaico, mas porque a primeira coisa que devemos fazer é escutar a nossa fome, não a saciando com qualquer coisa que apareça, mas transformando-a em alimento para o nosso vazio.

O primeiro modo de pôr-nos contra uma tentação é deixar de transformar e começar a escutar.

Perceberemos que existe uma mensagem que o Senhor nos está mandando por meio da experiência de imperfeição.

Aquilo que, na realidade, nos parece um infortúnio, um problema ou a raiz mesma de todos os nossos males, traz justamente uma mensagem da parte de Deus. Questiono-me se somos capazes de interceptar essa mensagem, de saber escutar a nossa fome, de colocar-nos em oração e dizermos: "Senhor, hoje me coloco diante de vós e vos entrego a minha fome, a minha imperfeição, a minha necessidade. O que vós quereis me dizer através dessa experiência de fraqueza?".

Gostaria de ter uma resposta pré-fabricada para poder escrever, mas a verdade é que não a tenho, porque somente o Senhor poderá dá-la. O que é certo é que ele jamais nos põe em uma situação como essa, a menos que nos esteja conduzindo para algum lugar.

A verdadeira tentação está em sufocar a fome, em saciá-la, em transformar as coisas, em usá-las – mesmo que somente para atenuá-la, para anestesiar a sensação de precariedade que experimentamos.

Mas, se fosse só isso, já teríamos resolvido muitos problemas. As tentações, porém, são bem mais que três, e o Evangelho nos apresenta somente três para indicar-nos três grandes vertentes.

Não devemos, porém, esquecer-nos de que nós somos únicos em tudo: nas impressões digitais, certamente, mas também na capacidade de amar e na capacidade de pecar. Únicos na nossa vida espiritual. A experiência da unicidade significa que a nossa é sempre uma experiência de exceção, por isso muitas vezes não encontramos muitos testemunhos com os quais possamos comparar-nos. Às vezes, cabe-nos percorrer estradas que ninguém jamais percorreu, carregando a responsabilidade da unicidade.

COLOCAR DEUS À PROVA

Se, na primeira tentação, o mal nos diz para transformar as coisas e o Espírito, ao contrário, para escutar a fome (de fato, Jesus responde: "Não somente de pão viverá o homem, mas também de toda a palavra que sai da boca...", que é um pouco como dizer: "Ele está me dizendo alguma coisa e é disso que devo nutrir-me, daquilo que ele está me dizendo, através daquilo que me falta"), agora, na segunda tentação o mal leva Jesus até o pináculo do Templo e reitera: "Se és filho", colocando à prova o amor de Deus.

Se é verdade que Deus o ama, ele deve fazer algo por você. Se é verdade que o ama, pode jogar-se e ele certamente o salvará. E, se não confia em mim, que sou o diabo, confie no Salmo, que diz: "Porque ordenará seus mensageiros a teu respeito, a fim de te guardar em todos os teus caminhos. Sobre as palmas das mãos te carregarão, para que teu pé não bata na pedra" (cf. Sl 91,11-12).

Trata-se de uma finíssima sugestão: "Meu problema – cada um de nós pode pensar – talvez seja o amor de Deus, e, para encontrar confirmação para esse amor, ponho o próprio Deus à prova". É assim que o mal nos faz cair, empurrando-nos para tentar o Senhor: "Procura descobrir se ele ama você, desafiando-o".

Como se vence a tentação?

Invertendo o problema: devemos aceitar sermos postos à prova.

É preciso recordar Jó, o homem posto à prova por excelência. Sua esposa, exatamente no auge de suas desventuras, com um discurso de uma lógica rigorosa, diz-lhe: "Durante toda a vida você se comportou bem, de maneira honesta, e olha o que o Senhor fez. Por isso agora blasfema!". E Jó responde: "Se recebemos de Deus o bem, por que não recebemos o mal?" (cf. Jó 2,9-10).

O que Jó quis dizer é que aceitar o bem é fácil; dar espaço à experiência do mal que não o é.

Faz, então, eco o que o Evangelho nos diz: "Não se vendem cinco pardais por duas moedas de cobre? E, no entanto, nenhum deles é esquecido diante de Deus. Além disso, até os cabelos de vossa cabeça estão todos contados. É possível que tenhamos perdido de vista o que está acontecendo neste momento da nossa vida?" (cf. Lc 12,6-7).

É preciso aceitar aquilo que existe.

Dar espaço ao que existe. Quando parece que estamos sendo conduzidos para algo ruim, para algo terrível, nesse momento é preciso dar espaço, deixar que o Senhor nos ponha à prova. Assim, evitamos a tentação de colocá-lo à prova para estarmos seguros do seu amor.

Jesus experimentou isso também no momento da morte, nas horas em que ficou pendurado na cruz. Uma das últimas tentações, na verdade, vem exatamente da sugestão macabra e diabólica de quem lhe diz: "Não és tu o Cristo, salva-te a ti mesmo e a nós" (cf. Lc 23,35-43).

Temos dificuldade em aceitar que o Senhor não nos salva imediatamente, aliás, exatamente porque não nos salva imediatamente pensamos que não nos ama. Eis como o mal obtém a destruição da nossa relação com Deus.

Do que vivemos, retiramos consequências somente lógicas. Mas é próprio do mal ter uma lógica rigorosa. Ele não é irracional, mas profundamente racional: "Se és Filho de Deus, desce da cruz, salva-te a ti mesmo e a mim; se não desces, significa que não és o Filho de Deus, e é a prova de que, não me salvando, não serves para nada".

Diferente é o que faz o outro ladrão: aceita a sua condição e diz: "Nós estamos aqui porque fizemos alguma coisa". Não sabe sequer explicar-se. A única coisa que consegue dizer (e que o salva) é: "Lembra-te de mim" (Lc 23,42).

Seria muito belo se, na experiência daquilo que trazemos dentro de nós, das imperfeições, do mal que temos dentro e fora de nós, a nossa única oração pudesse ser simplesmente um ato de abandono: "Senhor, recorda-te de mim, faze o que queres. Queres que perca? Perderei. Queres que fracasse? Fracassarei. Se tu queres, eu quero também".

Isso destruiu a tentativa da segunda tentação: "Não, porém, o que eu quero, mas o que tu queres!" (Mc 14,36). Aceito que se faça à maneira do Senhor, não à minha maneira.

A IDOLATRIA

A terceira tentação: é aquela na qual o diabo mostra todos os reinos do mundo, a sua glória, e diz a Jesus: "Dar-te-ei tudo isso, se de joelhos te prostrares diante de mim" (Mt 4,9). É a tentação da idolatria: considerar como Deus – e, assim, acreditar que nos possa salvar – quem não é Deus.

É uma coisa comum a todos os homens: a infelicidade do mundo vem do fato de que damos a categoria de Deus àquilo que é somente ilusão (carreira, dinheiro, sexo, relacionamentos doentios, coisas).

Diz um Salmo referindo-se exatamente aos ídolos: "Têm ouvidos, mas não escutam; têm nariz, mas não cheiram. Com suas mãos não apalpam, com seus pés não andam, com suas cordas vocais não sussurram" (cf. Sl 115,5-7). Confiamos em coisas que não são vivas e que não podem salvar-nos.

Cada um tem seus próprios sistemas de idolatria. Talvez, para nós, o demônio não apresente todos os reinos do mundo, mas nos mostra nossas "coisinhas", nossas posições, nossas comunidades, nosso reconhecimento, o que temos em nossa mente. Convence-nos de que aquelas coisas nos tornarão felizes e que, se estamos mal, é porque não as possuímos plenamente. Diz: "Eu dou a você aquelas coisas. Adore-me, e eu as darei a você".

O problema está no fato de que é verdade que o mal tem o poder de dar-nos as coisas deste mundo. Ele nos dá, porém, à custa de uma mais profunda e, às vezes, irremediável infelicidade.

Impressionou-me a reflexão de um bispo: "Às vezes, insistimos em querer coisas para nós e, no fim, talvez as obtenhamos. Mas, se não é vontade de Deus, mesmo as obtendo, pagaremos inevitavelmente muito caro por elas".

Se insistimos em uma coisa, no final acabaremos conseguindo-a. Isso é verdade tanto para o bem quanto para o mal.

Jesus nos disse que a oração que alcança é aquela obstinada. Se se procede por fixação, no fim algo se obtém. Mas a verdadeira questão é: em que estamos pondo a nossa confiança?

Estamos dispostos a desmascarar as nossas idolatrias?

Por trás de tudo isso está a ilusão proporcionada pela posse. E nisso está também o sentido da castidade, que reduzimos a uma questão somente sexual-afetiva. Na verdade, a castidade é liberdade da posse. Uma pessoa pode ser irrepreensível no plano afetivo e sexual, mas não ser absolutamente casta, porque não vive *com castidade* em relação à sua comunidade, a seus filhos, a seu trabalho, a sua família. Trata as coisas que possui com sentimento de posse. Carrega-as de expectativas, como se fosse Deus. Mantendo-as perto de si, pensa que a sua vida encontrará nelas todo o seu significado, mas, na verdade, é exatamente daí que vêm os maiores golpes.

Vem-me à mente a relação de Abraão com Isaac: a grande purificação pela qual Abraão teve de passar, para se curar do problema da falta de castidade na paternidade, é exatamente o que o reabilita a viver saudavelmente a sua vocação. Deus lhe retira Isaac, e é o próprio Abraão que deve matá-lo, em um certo sentido; isto é, deve renunciar de maneira radical ao filho para poder restabelecer o equilíbrio pai-filho (Gn 22,1-14).

Essa forma de purificação é algo que o Senhor constantemente nos pede, porque sabe que o mal se concentra inteiramente na posse: possuir coisas, apegar-se a elas. Isso é idolatria.

Devemos aprender a renunciar, devemos saber sacrificar Isaac.

DECIDIR-SE

O problema das três tentações pode encontrar uma solução dentro de nós somente se tomarmos uma decisão. Se a coisa correta a fazer permanece externa a nós, não dá fruto. O que faz Jesus sair vitorioso é que, diante de cada uma daquelas propostas que o mal lhe faz, ele assume uma posição, toma uma decisão. Jesus não sofre simplesmente. Ele contra-ataca.

O Senhor nos diz que precisamos aprender a escolher o que é bom para nós. Não devemos simplesmente viver uma situação de bem, mas saber escolher o bem. É exatamente nessa hora que nos descobrimos pobres de *Iahweh*, porque, quando chegamos ao momento de dizer: "Eu devo tomar uma decisão, devo exercer a minha liberdade", percebemos que não sabemos ser livres, que não temos força para exercer a nossa liberdade. Essa consciência de nossa pobreza nos faz então gritar para ele e dizer: "Senhor, ajuda-me, ou jamais conseguirei".

A graça de Deus nos pede que sejamos livres, mas, depois de um caminho de purificação, enquanto estamos aceitando ser livres e procuramos exercer a nossa liberdade, percebemos que não temos força e precisamos pedir a "graça". Com a graça de Deus, podemos ser livres. Não é, então, simplesmente uma questão de vontade pessoal.

Devemos banir, de uma vez por todas, o pelagianismo[1] da nossa teologia. Nós ainda somos muito pelagianos, pensamos que, com o empenho dos nossos méritos e da nossa vontade, podemos tudo, mas, em vez disso, nada podemos sem a graça.

Sem a graça de Deus, nossos esforços pessoais não são suficientes. Certamente precisamos da nossa liberdade, mas

1 O *pelagianismo* é uma heresia cristã que tem como fulcro a convicção de que o pecado original não feriu de nenhum modo a vontade do homem. Cada um, portanto, pode exclusivamente confiar-se à própria vontade para poder escolher o bem. Isso entra em conflito com a evidência da vida de cada pessoa que cotidianamente experimenta que a vontade não consegue sustentar sozinha a escolha do bem. Sente desejar o bem, mas não consegue sempre escolhê-lo somente com a vontade.

ela deve encontrar a graça. Santo Agostinho deixou isso evidente em uma fórmula muito eficaz: "O Deus que nos criou sem nós, não nos salva sem nós".

Encerremos este nosso prólogo recordando que a finalidade que estamos buscando é a de deixar que o Espírito nos forneça uma narrativa diferente sobre nossa vida. Precisamos mudar a chave de leitura da nossa existência.

Nós vivemos como se estivéssemos imersos "na catequese do Acusador", e não do Espírito. Muitas vezes, estamos na escuta daquele que nos julga, daquele que nos moraliza diante das coisas, daquele que bloqueia a nossa vida, daquele que retira a nossa paz. O Espírito, em vez disso, embora nos diga as mesmas coisas, diz-nos de maneira diferente.

Devemos perguntar-nos se estamos dispostos a ouvir o Espírito, que quer contar a nossa história do seu ponto de vista.

Nossa vida é, muitas vezes, um problema de narrativa. A primeira verdadeira mudança não está em nossas escolhas, mas na forma como lemos a nossa existência. Se permitirmos que o Acusador nos conte a nossa história, não conseguiremos sair dessa situação. Se, ao contrário, deixarmos que a nossa vida seja narrada pelo Espírito, então talvez tenhamos uma oportunidade.

Há uma história que costumo partilhar muitas vezes, porque me impressionou e marcou profundamente. Uma vez, vivendo em Roma, atendi a confissão mais perfeita que jamais havia escutado em todos os anos de sacerdócio. Tratava-se de uma pessoa que se tinha acusado de tudo com extrema precisão: número, espécie, qualidade, descrição, intenção, tudo, tudo perfeito. Quando acabou, depois de vinte minutos, eu lhe disse: "Ouça, o senhor esqueceu um pecado: esqueceu de confessar que se odeia, porque somente uma pessoa que se odeia fala de si mesmo desse modo". De fato, o que aquela pessoa tinha dito era tudo verdadeiro, mas, o modo como o havia dito era ódio, não pedido de misericórdia.

Se o nosso objetivo é ouvir a verdade, podemos também escutar o mal. Ele, de fato, diz todas as coisas verdadeiras, mas diz com ódio, diz para nos acusar, diz para nos deter, diz para nos desesperar.

O mal diz a verdade, mas a diz de modo mentiroso, fornecendo-nos uma narrativa errada. E o faz para acusar-nos com ódio.

O Espírito Santo sabe dizer-nos as mesmas coisas com profundíssimo amor.

Tudo depende de quem queremos escutar. Se escutarmos quem nos acusa, o Acusador, a única coisa que obteremos com isso será um sentido profundo do inferno, de falta de esperança e de significado. Quando, em vez disso, as coisas são ditas pelo Consolador, é como se, no exato momento em que as entrega para nós, já nos estivesse dando a saída, revelando-nos que o nosso Deus já desceu aos infernos, desceu à nossa miséria e veio para nos salvar.

É essa a bela notícia do Evangelho.

Deixemos o microfone ao Espírito Santo e permitamos que ele nos conte coisas que, até agora, talvez tenham sido narradas pela pessoa errada.

I
FRAQUEZA
(OU SOBRE POR QUE DEUS FORMA TESTEMUNHAS A PARTIR DA SUA MISÉRIA, E NÃO DOS SEUS TALENTOS)

Entremos agora no cerne do tema das nossas reflexões.

No prólogo, fizemos uma *Lectio divina* particular sobre uma página do Evangelho toda especial, que é a da nossa própria vida, por um motivo muito simples: o ponto de partida não pode ser outro senão a nossa vida.

Muitas vezes, quando nos aproximamos do Cristianismo, sentimos necessidade de compreendê-lo, mas isso nunca acontece abstratamente. O Cristianismo deve ser compreendido em relação à nossa história, porque o Senhor nos trata sempre por "tu" quando fala conosco. Fala diretamente à nossa vida, não em geral, porque cada um de nós é único e irrepetível, e o anúncio do Evangelho ou é único e irrepetível e entra na unicidade da nossa vida, ou não é. Ele *pode* até ser muito claro, mas *deve* ser em primeiro lugar "vivível", palpável na experiência.

A palavra que nos guiará neste capítulo será "fraqueza".

Tentaremos responder a esta questão: como o Senhor faz para escolher cada um? Qual o critério que Deus, por exemplo, usa para selecionar as pessoas que terão a tarefa de formar e educar outras?

A Bíblia está cheia de histórias que narram chamados, que dizem como Deus raciocina ao escolher quem deve guiar o seu povo, quem deve realizar a promessa. Talvez devamos dirigir-nos exatamente a essas histórias para, por meio delas, buscar entender a nossa própria, e assim nos dar conta se o nosso chamado se insere nessa grande mentalidade, que é a mentalidade de Deus. A mentalidade do mundo, na verdade, vai em uma outra direção: diz-nos que é necessário "ter algo de bom" para sermos escolhidos. O ponto de partida para o mundo deve ser uma habilidade. O nome mais difundido que usamos para falar dessas habilidades é "talentos". Comumente, eles nos permitem a experiência da tranquilidade. Saber fazer algo é tranquilizador.

Deus não usa esse critério como motivo de sua escolha, isto é, não parte do que o mundo classifica na esfera do fazer. Isso está presente em todas as histórias bíblicas, mas há uma que é particularmente eloquente: o chamado de Davi.

DAVI

Israel está passando por um momento extremamente dramático, porque o rei Saul perdeu a cabeça, perdeu a "estrada", perdeu a sua relação com Deus. Deus, consequentemente, retira de Saul o seu favor e manda o profeta Samuel buscar um outro rei que possa assumir o seu lugar.

Samuel vai até um vilarejo, Belém, e busca a família de um certo Jessé. Entre os filhos desse homem, ele deverá entender quem Deus escolheu para ser o rei. Deve ter discernimento (cf. 1Sm 16,6-13). É exatamente nessa circunstância que Samuel é chamado a mudar o seu olhar sobre a escolha:

> Quando eles entraram, ele viu Eliab e disse: "Certamente está diante do Senhor seu ungido". Mas o Senhor disse a Samuel: "Não olhes para seu aspecto nem para a sua alta estatura, porque eu o rejeitei. De fato, não é como o ser humano vê, porque o ser humano vê o que chama a atenção, mas o Senhor vê o coração" (1Sm 16,6-7).

Essa já é uma fortíssima polêmica relativa à mentalidade do mundo, porque o mundo vive de aparência. Mesmo o mais humilde em nosso meio vive de aparência, isto é, vive esperando que alguém o perceba. Mas o Senhor diz: "De fato, não é como o ser humano vê, porque o ser humano vê o que chama a atenção, mas o Senhor vê o coração".

Quem pode olhar nosso coração, senão quem o criou? Quem pode verdadeiramente ver o coração, senão o Senhor? Os outros devem contentar-se com a aparência.

O Senhor, ao chamar-nos, pensou em nós e não na nossa aparência, não naquilo que se vê. Os talentos são o que se vê em nós, mas o Senhor não partiu daí: "Não te escolhi porque sabes fazer alguma coisa, não te escolhi como o mundo te escolheria, vi algo em ti que o mundo não pode ver: o teu coração" (1Sm 16,8-13).

> Jessé chamou Abinadab e o fez passar diante de Samuel, que disse: "O Senhor também não escolheu este". Jessé fez passar Samá, mas Samuel disse: "O Senhor também não escolheu este". Jessé fez passar sete de seus filhos diante de Samuel, mas Samuel disse a Jessé: "O Senhor não escolheu estes". Samuel disse a Jessé: "Acabaram-se os jovens?" E ele disse: "Falta ainda o menor, que está apascentando o rebanho". Samuel disse a Jessé: "Manda trazê-lo, porque não nos sentaremos à mesa enquanto ele não vier aqui". Ele mandou buscá-lo e o fez entrar. Era ruivo de bonitos olhos e bela presença. Então o Senhor disse: "Levanta-te e unge-o, porque é este mesmo!" Samuel tomou o chifre de azeite e o ungiu no meio dos irmãos dele. A partir desse dia, o espírito do Senhor se precipitou sobre Davi. Samuel se pôs a caminho e foi para Ramá.

Todos conhecemos a história desse especial chamado de Davi. Mas gostaria de analisar em detalhes o que acontece nessa narrativa.

Quem é Davi? Não é o primogênito, e isso já diz muito. Não tem um corpo imponente. Sua aparência não é nada tranquilizadora; ao contrário, o texto bíblico nos diz que é: "ruivo de bonitos olhos e bela presença"; está nos descrevendo uma diversidade em relação aos outros. O Senhor escolhe esse jovem. Poderíamos dizer que, se o Senhor faz uma escolha, a faz a partir de uma diversidade, a partir de uma fraqueza, a partir daquilo que o mundo descarta. Davi é um descartado, e o é, em primeiro lugar, porque o pai se recorda dele somente depois da insistência de Samuel. Somente depois que Samuel lhe diz: "Estás seguro de que estão todos aqui?", recorda-se de que está faltando um. Um pai que se esquece de um filho!

Davi é quase invisível aos olhos de Jessé, mas não é invisível aos olhos do Senhor. Não está presente naquele momento, mas o Senhor manda chamá-lo, manda trazê-lo do campo e, quando entra em casa, diz imediatamente a Samuel: "Levanta-te e unge-o, porque é este mesmo!". Daquele momento em diante, inicia-se uma história especial para Davi: deve aprender a ser rei, deve aprender o que significa guiar um povo. Mas o ponto de partida de toda a sua história é esta experiência: ser esquecido, descartado e, ao mesmo tempo, escolhido.

Davi tem algo que os seus irmãos não têm, algo de diferente no seu coração.

Não estamos insistindo por acaso nessa escolha e, exatamente por esse motivo, em breve colocaremos outra figura ao lado de Davi, para sublinhar, ainda mais, o aspecto que gostaria de aprofundar, falando sobre fraqueza. Mas, antes de fazê-lo, é justo sublinhar uma verdade subjacente: sempre vivenciamos a fraqueza da nossa vida como uma maldição. Mas e se tivéssemos sido escolhidos exatamente em virtude da nossa fraqueza e da nossa diversidade?

A história de Davi não é uma história linear. E me questiono: quem de nós tem uma história linear? A história do futuro rei de Israel é marcada por relacionamentos conturbados. Em primeiro lugar, o relacionamento com o pai, depois o relacionamento consigo mesmo, pela sua aparência, pelo que ele é. Mas Deus o escolhe, e esta é uma provocação que não devemos esquecer jamais.

Se tivéssemos sido escolhidos não em virtude dos nossos talentos, mas exatamente em virtude da nossa fraqueza, estaríamos ainda autorizados a maldizer a nossa fraqueza?

MOISÉS

Paremos por um instante a história de Davi e acrescentemos esta outra, ainda mais clara na sua dramaticidade. Estamos por volta do ano 1250 a.C. Há cerca de quatrocentos anos morreu o famoso José do Egito, aquele que foi vendido pelos irmãos, que se tornou "grande", e que, depois de um período de carestia, levou seu povo para a terra dos faraós (cf. Gn 37-50).

Bem, o texto bíblico nos diz que, à distância de quatrocentos anos: "Ergueu-se um novo rei sobre o Egito, que não conhecera José" (Ex 1,8). A história de José foi esquecida. Agora, Ramsés II está no comando.

Ele se dá conta de que esse povo está crescendo e pode se tornar um perigo. Por um lado, tem necessidade daquela gente, porque é mão de obra útil, mas, ao mesmo tempo, quer tê-la sob controle. Ele então idealiza, como solução, uma espécie de massacre, que, com um termo moderno, poderíamos chamar "controle de natalidade". Dá ordem para que os filhos do sexo masculino sejam mortos assim que nascerem.

Nesse clima de terror, de controle de natalidade, de opressão, existe uma família de hebreus que já possui dois filhos: Maria e Aarão. Mas eis que nasce um terceiro, um menino. Pela lei, ele não pode ser deixado vivo, mas a mãe desobedece à ordem do rei e, sem ajuda de parteira, traz ao mundo o seu terceiro filho, buscando mantê-lo escondido. Depois de três meses, porém, o que lhe resta fazer é abandoná-lo, confiando-o à providência de Deus.

Ela o coloca em um cesto, preparado especialmente, e o deixa no Nilo. Maria, sua irmã, segue o cesto enquanto lhe é possível e percebe que foi parar exatamente nas mãos da filha do faraó. Essa mulher acolhe a criança como um presente. Maria se aproxima dela e lhe oferece a possibilidade de encontrar uma ama de leite. A filha do faraó aceita, e a criança é reconduzida à mãe até o dia do desmame. A criança tem a vida salva e recebe um nome significativo: Moisés, "salvo das águas" (cf. Ex 1).

Aquilo que pode parecer uma história com final feliz, na realidade, não é nada disso. Em primeiro lugar, não é fácil explicar a um menino que ele foi abandonado pela própria família por culpa de um faraó, junto do qual, entre outras coisas, está agora vivendo. O menino precisa da mãe e do pai verdadeiros, que, no entanto, lhe foram retirados com violência. Cresce em uma família inimiga da sua, junto dos inimigos do seu povo. É, então, que começa a sedimentar dentro dele uma série de conflitos interiores que, em certo momento, resulta em um gesto de raiva: ele mata um egípcio que vê maltratando alguém do seu povo. A experiência da orfandade, a ferida do abandono que Moisés traz dentro de si, transforma-se em raiva e o torna um assassino (cf. Ex 2,1-15).

É um assassino cuja história serve como atenuante – poderíamos dizer –, mas isso não o isenta de ter de assumir a responsabilidade pelo que fez. No entanto, ele não o faz. Quando o faraó o procura para matá-lo, ele tem medo de enfrentar as consequências de sua ação e faz o que comumente fazem os covardes: foge.

Foge por medo. E, fugindo – isso é interessante –, vai refugiar-se numa área do deserto habitada por madianitas (cf. Ex 2,16-22). Quem são eles? Os pastores de Madiã são alguns descendentes do povo de Israel que se tinham recusado a entrar no Egito quando José tinha acolhido ali os seus familiares. Os madianitas, então, haviam conservado uma forma de liberdade: eram pastores errantes, mas muito livres, que não se sentiam ligados particularmente a nenhum território e se consideravam propositadamente distantes daquela situação que se tinha, com o tempo, transformado em opressão.

Entre os madianitas, Moisés cruza com um pastor chamado Jetro, que possui filhas. Casa com uma delas e pensa, desse modo, ter consertado um pouco a sua vida.

É interessante como existem momentos da nossa existência em que acontecem coisas que não escolhemos e que nos ferem a tal ponto que nos fazem recordar uma parte da nossa história que gostaríamos de esquecer. Comumente, uma pessoa ferida fere. A primeira coisa instintiva que fazemos diante do mal sofrido não é a santificação, mas é a reação humaníssima à ferida.

O que Moisés faz? Faz exatamente isso: tenta recuperar o equilíbrio sozinho, reinventando sua vida para permanecer de pé.

Para todos nós, e para todas as pessoas que encontramos, comumente chega um momento na vida em que buscamos recriar o equilíbrio, de uma maneira muito humana. Tentamos nos manter de pé, reconstruindo um mundo que nos permita, de alguma forma, seguir em frente. Se não se pode cancelar o passado, vive-se ao menos no esforço de esquecê-lo tanto quanto possível. O problema é que, ou enfrentamos o passado ou ele nos perseguirá por toda a vida. Não podemos fugir dele. Essa é a grande lição que Moisés recebe propriamente no momento em que se ilude de ter encontrado o próprio equilíbrio.

Tentemos simplesmente pensar em como chegou ao casamento. Ele estava fugindo. Não fez, certamente, um discernimento com um curso de preparação ao Matrimônio, no qual se perguntou se aquela que havia encontrado era a mulher da sua vida, ou se o chamado ao Matrimônio era a coisa mais importante. O gesto com o qual escolhe a sua esposa é ditado em grande parte pela sua história passada. Quero dizer que não basta escolher as coisas simplesmente porque a nossa história nos levou a ser o que somos agora. Em dada altura, devemos enfrentar o nosso passado e, se não tivermos a coragem de fazê-lo por nós mesmos, o Senhor abre espaço para nós.

É o que acontece na vida de Moisés: quando menos espera, o próprio Deus, que tinha falado a Abraão, a Isaac e a Jacó, lhe dirige a palavra (cf. Ex 3,1ss). Diante da experiência da sarça ardente, movido pela curiosidade de quem vê mato seco queimar sem ser consumido pelo fogo, Moisés ouve a palavra que o Senhor lhe dirige. Chama-o, em primeiro lugar, pelo nome. Assim é a experiência de Deus: somos sempre chamados pelo nome, e o somos não por aquilo que sabemos fazer. Deus se refere exatamente a nós, não a uma potencialidade presente em nós. Ele sabe perfeitamente quem somos, dirige-nos a palavra e nos chama. Disse a Moisés: "Amigo, deves voltar atrás, deves ir ao Egito e deves libertar o povo". É pelo ministério que Moisés deve enfrentar o seu passado; é em seu chamado como líder que deve enfrentar o seu passado. E é propriamente porque o Senhor o está chamando que deve voltar. O passado ainda lhe pesa sobre os ombros, tem medo, um temor somatizado também por um distúrbio físico que carrega: é gago. E, certamente, não parece ideal enviar alguém com dificuldades na fala para cumprir tratados diplomáticos com o faraó.

Moisés possui muitas limitações, como podemos observar: a ferida do abandono, o assassinato, a covardia, a gagueira...; no entanto, parece que o Senhor não se assusta com essas limitações. Ao contrário, paradoxalmente, parece que ele o chama exatamente por ser essa pessoa, justamente assim, com essas características.

Nesse ponto, poderemos pensar que a fraqueza, a nossa fraqueza, a experiência dos limites da nossa história, daquilo que sofremos, daquilo que fizemos, é o motivo pelo qual o Senhor nos chamou.

Dito assim, pode parecer que a nossa vocação seja uma justificação para a nossa fraqueza e os nossos limites. Não. O Senhor não se importa com as nossas limitações, com a nossa fraqueza. Não olha para elas justificando-as, mas nos diz que ali há uma oportunidade para nós. E que o que nos prepara verdadeiramente para fazer aquilo a que somos chamados está escondido na experiência dessa fraqueza e desses limites.

Moisés deve fazer duas coisas: reconciliar-se com o que lhe aconteceu e despertar a criatividade dentro de si mesmo.

É gago? Deverá, entretanto, encontrar um modo de falar com o faraó. Ele, então, levará consigo o seu irmão Aarão (cf. Ex 4,14ss). Moisés encontra criativamente um meio para fazer o que o Senhor lhe pediu.

Interiormente, podemos perguntar-nos: "Mas Deus não poderia ter chamado diretamente Aarão?". "Não, Aarão não. Eu quero Moisés" – diz Deus –, "eu o quero e não tenho medo de quem ele é. Não tenho medo da sua história, não tenho medo das suas limitações, da sua fraqueza, dos seus defeitos."

Esse é um profundo gesto de confiança por parte do Senhor.

Se fugimos do passado, fugimos da nossa história, fugimos da nossa fraqueza. Esse é também o motivo pelo qual o nosso passado nos persegue. Enquanto fugirmos de algo, esse algo ainda terá muito peso em nossa vida. Resolver isso de forma abstrata é insuficiente. O Senhor nos ajuda a reconciliar-nos com a nossa história, com a nossa fraqueza, enquanto nos chama para um ministério. A vocação específica que cada um de nós possui encontra suas raízes nesse modo de encarar a vida.

A VOCAÇÃO COMO MISERICÓRDIA

A vocação que carregamos dentro de nós é a primeira grande misericórdia que Deus usou para com cada um de nós. Não nos chamou porque tinha em mente, como em uma empresa bem organizada, pessoas bem estruturadas, que fizessem algo de particularmente útil. Ele o fez por misericórdia para conosco. Chamou-nos por misericórdia.

Eis como São Paulo explica bem isso (1Cor 1,26-31):

> De fato, vede, irmãos, entre vós os chamados: não há muitos sábios segundo a carne, nem muitos poderosos, nem muitos nobres! Mas Deus escolheu o que para o mundo é loucura para envergonhar os sábios; Deus escolheu o que

> para o mundo é fraco para envergonhar os fortes, e Deus escolheu o que para o mundo é insignificante e desprezível, aqueles que não são, para aniquilar os que são, a fim de que nenhuma carne se vangloriasse diante de Deus. Mas vós sois dele, em Cristo Jesus, o qual se tornou, para nós, sabedoria da parte de Deus, justiça, santificação e redenção, a fim de que, como está escrito, "*aquele que se glorie, glorie-se no Senhor*".

Se faltar essa experiência de reconciliação com a nossa fraqueza, se a nossa história – o que sofremos, o que fizemos, o que somos no fundo de nós mesmos, o que ninguém vê, mas que, em um certo sentido, nos define; se tudo isso não for tocado pela experiência do amor de Deus, mas simplesmente escondido ou esquecido, nunca nos tornaremos aquilo que deveríamos ser.

Davi não deve fingir ser o primogênito para ser escolhido. O mundo escolhe aquelas pessoas que são como o "primeiro filho de Jessé", Deus não. Deus escolhe o último, e sabe muito bem o que faz quando chama Davi; sabe muito bem o que está fazendo quando chama Moisés. Porque foi exatamente ele que permitiu essa história; isto é, não somente que Moisés se salvasse, mas também que, em seguida, sua vida entrasse em contradição.

Entramos aqui no grande mistério do mal: para nós é escandalosa a forma como, às vezes, Deus permite determinadas coisas. Não sabemos exatamente o motivo pelo qual a nossa história é assim, mas sabemos que, de qualquer maneira, ela é nossa.

Se cada um de nós resgatasse a própria vocação, convencendo-se de que ao Senhor não interessam tanto os nossos talentos, mas sim todas as nossas contradições, os nossos pecados, as nossas fraquezas, os nossos limites, a nossa história torta, tudo mudaria. Corremos um grande risco de fazer o que fazemos porque estamos fugindo de alguma coisa e não porque vivemos autenticamente um encontro com o seu amor. Às vezes, até encontramos um equilíbrio que nos garante a sobrevivência, exatamente como Moisés encontrou o equilíbrio entre os madianitas.

Não existe nada de mal nisso, mas, ao mesmo tempo, não existe sequer nada de bom. Não é a vontade de Deus.

É muito pouco encontrar-se em uma vocação simplesmente porque conseguimos, sozinhos, um equilíbrio suficiente para sobreviver.

Não importa o que fizemos antes, o que estamos enfrentando agora. O Senhor não tem medo, ele tem um projeto para nós.

Espero que o Espírito Santo ajude cada um a lidar com tudo isso. Por isso é útil que nos perguntemos: reconciliei-me com a minha história? Aceitei o que aconteceu, o que sou, o que fiz, o que sinto, o que escondo? Existe uma parte de mim que está ainda na escuridão?

CRIATIVIDADE

O Senhor sabia muito bem o que estava fazendo quando nos chamou. Sabia melhor do que nós e antes de nós. E não se assusta com quem somos, mas talvez esteja preocupado com o nosso medo, porque o medo nos impede de voltar atrás. Gostaríamos de que Deus entrasse em nossa vida para remover alguma fraqueza, mas, na verdade, Deus confia em nós em meio à nossa fraqueza. Não entra na vida de Moisés para tirar-lhe a gagueira, mas a deixa, confia nele e diz: "Tu és capaz de encontrar uma solução". Cada um de nós é capaz, de maneira criativa, de lidar com a própria fraqueza, se sente sobre si a confiança de Deus.

Cada um sabe o que lhe faz bem ou não, mas quem vive julgando-se não tem tempo sequer para questionar o que faz bem para si mesmo, porque a maior parte das suas energias é utilizada para encobrir, para fingir ser outra pessoa.

Deus nos escolheu porque éramos os melhores? Não, escolheu-nos exatamente porque não o éramos. São Paulo quem diz isso, não eu.

O Senhor pode fazer muito por quem, embora não sendo o melhor, confia em Deus e deixa que essa experiência de confiança mude a sua vida. Até que não experimentemos na nossa vocação a infinita misericórdia do Senhor, que nos acolheu como fez com Davi, o esquecido, o descartado, ou como acolheu a vida fugitiva e errante de Moisés, ou como acolheu cada um de nós, não poderemos entender qual é o verdadeiro motivo pelo qual o Senhor nos chamou a ser isso que somos: não bons exemplos, mas testemunhas.

Nós somos úteis em virtude da nossa fraqueza reconciliada. Enquanto não nos reconciliarmos com essa fraqueza, sempre a usaremos de maneira dupla.

Em primeiro lugar, a usaremos como bode expiatório: se sou infeliz é por causa dessa história, é porque tenho essa fraqueza, é porque tenho essas limitações; a causa da minha infelicidade está na minha fraqueza. Essa é uma leitura diabólica. Enquanto passarmos a vida buscando um culpado, ainda que seja nós mesmos, não estaremos realmente vivendo. E como nunca estamos verdadeiramente conscientes de nós mesmos, muitas vezes acabamos projetando a culpa nas pessoas que estão ao nosso lado: a esposa, o marido, o bispo, o superior, o irmão, o confrade, a família. Assim, passamos a vida culpando ciclicamente alguém por nossa infelicidade, o que é uma verdadeira perda de tempo, porque a nossa felicidade não pode depender de outra pessoa, mesmo que seja a pessoa de quem mais gostamos. A nossa felicidade não está nas mãos de outra pessoa.

A nossa felicidade está na experiência de nos sentirmos amados por Deus, esteja o mundo indo bem ou não. Em todo caso, o que acontece pode no máximo mortificar-nos, mas não pode decidir o nosso destino. Se passamos a vida culpando alguém, não estamos enfrentando o verdadeiro problema. O que queremos fazer da nossa vida? O que queremos fazer com aquilo que não escolhemos, mas que aconteceu? Talvez também Moisés desejasse que o faraó jamais tivesse promulgado aquele decreto que o condenava à morte. Mas o que poderia ter feito? Aquilo era algo que não podia ser consertado. E como podemos comportar-nos diante de alguma coisa que não podemos mais consertar? Podemos ficar com raiva, podemos culpar alguém. Mas podemos também tomar uma decisão. Esse é o ponto: quem encontra autenticamente a Deus deixa de culpar a si mesmo, os outros, um evento da própria história, e toma decisões.

A segunda coisa que fazemos quando não nos reconciliamos verdadeiramente com a nossa fraqueza é comprometer-nos com a própria fraqueza. Existe uma fase na nossa vida em que, resignando-nos com o que somos, pensamos ter encontrado o modo de nos amarmos. Na realidade, somente cedemos à nossa fraqueza. Isso é visível pelo fato de que, nessa forma de reconciliação, é a fraqueza que comanda, é a fraqueza que dita as regras. Isso não é reconciliação.

Não devemos permitir que seja a nossa história, que sejam as nossas feridas, que seja a nossa fraqueza, a ditar as regras. Isso não é aceitação. Mais uma vez, o primado é da minha liberdade que, juntamente com a graça de Deus, pode fazer de tudo isso algo novo.

A FERIDA COMO FORÇA

Quero narrar uma história para concluir esta nossa reflexão. Todos nós sabemos algo da vida daquele santo sacerdote – visto pelos frutos – que foi o Cura D'Ars, João Batista Maria Vianney. Alguns anos atrás, o Papa destacou ainda mais a sua santidade, dedicando-lhe todo o ano sacerdotal.

Da vida desse sacerdote, comumente, evidenciamos somente algumas características: a dificuldade no estudo, na qual o Senhor o ajuda, permitindo-lhe chegar ao sacerdócio; sua fidelidade ao ministério, sobretudo à confissão, pela qual ele se torna um grande guia espiritual e sua paróquia, uma verdadeira referência... Pois bem, tudo isso teve origem em algo que talvez seja menos conhecido, uma ferida profunda. João Maria Vianney, de fato, vinha de uma família muito pobre, que viveu em tempos de grandes turbulências: o Papa Pio VII tinha sido capturado pelas tropas francesas e feito prisioneiro. E, propriamente naquele exército, João Maria teve que prestar serviço militar, desenvolvendo um profundo conflito interior e moral: por um lado, não quer fazer parte das milícias claramente alinhadas contra a Igreja; por outro, não pode evitar a obrigação do serviço militar. E, algo não menos importante, tem medo de morrer. Vem em seu socorro o irmão mais novo, Francisco, que parte em seu lugar. E é morto. Quando levam o corpo para casa, João Maria Vianney sente-se destruído e devorado pela culpa. Repete a si mesmo que, se o irmão está morto, é por sua causa. Isso cria nele uma dilaceração profundíssima. Mas, com o tempo, ele se deixa alcançar pelo perdão de Deus. E é exatamente dessa sua percepção do perdão que sua ferida se torna força.

Por que esse homem possuía uma grande capacidade de acolhida, de escuta e de empatia com as pessoas? Tudo isso não surgiu do tormento e do sofrimento que tinha provado diante do que lhe tinha acontecido? Não seriam, talvez, o seu ministério e a sua santidade, filhos de uma ferida, na qual a misericórdia de Deus tinha se manifestado? Não se erra ao dizer que o Senhor o chamou exatamente a partir daquela ferida. A santidade de João Maria Vianney foi moldada por um incidente de percurso; ou melhor, é exatamente esse incidente de percurso que o torna fascinante, embora ninguém perceba que esse encanto tem raízes em uma fraqueza, em uma ferida. Todos veem o grande sacerdote que acolhe, que confessa, que celebra a missa, e não sabem que tudo isso é fruto de um sofrimento reconciliado.

O Senhor nos escolheu exatamente a partir das áreas da nossa vida que mais nos fizeram sofrer e que, talvez, ainda hoje continuam a ferir-nos. E quer realizar uma história de santidade exatamente a partir de tudo isso. Fingir que não tinha feridas, fingir que não tinha uma certa história, fingir que aquele irmão não havia morrido ou, de qualquer forma, que não tinha morrido por sua culpa, teria colocado João Maria Vianney simplesmente na condição de representar um papel. Ao contrário, sua santidade floresceu ao assumir a responsabilidade pelos fatos - reconhecendo que, de certa forma, o que aconteceu foi culpa sua – e, a partir disso, permitiu que o perdão de Deus transformasse seu erro, seu medo.

Devemos reservar algum tempo para entender o que o Senhor viu em nós quando nos chamou. E, ao mesmo tempo, devemos perguntar-nos se estamos reconciliados verdadeiramente com a nossa história, com a nossa fraqueza, sabendo que foi exatamente por isso que o Senhor nos chamou. Precisamos refletir se ainda vivemos na fuga, na ilusão, ou se permitimos que a experiência de reconciliação ganhe espaço dentro de nós. Ou, ainda, se vivemos um falso compromisso, isto é, aceitamos a nossa fraqueza, mas para deixá-la comandar em nosso lugar.

Com muita lealdade, façamo-nos essas perguntas, colocando-nos diante do Senhor.

Pode ajudar-nos uma página do Evangelho de Lucas 5,1-11:

> Certa vez, enquanto a multidão comprimia-se em torno dele para ouvir a Palavra de Deus – estando ele na margem do Lago de Genesaré –, Jesus viu dois barcos que estavam à margem do lago; os pescadores tinham desembarcado deles e estavam lavando as redes. Tendo subido em um dos barcos, o de Simão, pediu-lhe para afastá-lo um pouco da terra. Depois se sentou e, do barco, ensinava às multidões. Quando acabou de falar, disse a Simão: "Dirige-te para as águas profundas e lançai aí vossas redes para pescar!" Simão respondeu: "Senhor, estivemos esforçando-nos toda a noite sem nada apanhar; mas, porque tu dizes, lançarei as redes". Tendo feito isso, capturaram tamanha quantidade de peixes que suas redes rasgavam-se. Fizeram sinais aos companheiros do outro barco para que viessem ajudá-los. Eles se aproximaram e encheram tanto os dois barcos que eles quase afundavam. Tendo visto isso, Simão Pedro prostrou-se aos pés de Jesus, dizendo: "Afasta-te de mim, Senhor, porque sou um pecador!" Com efeito, o espanto o havia tomado, a ele e a todos os que o acompanhavam, por causa da grande quantidade de peixes que tinham apanhado; e o mesmo acontecera com Tiago e João, filhos de Zebedeu, que eram sócios de Simão. Jesus disse a Simão: "Não temas! A partir de agora pescarás homens vivos". Eles, tendo levado de volta os barcos à terra e deixado tudo, seguiram-no.

Também aqui encontramos uma história famosa, a daquele que depois se tornará a rocha sobre o qual Cristo fundará a Igreja. Também naquele caso, Pedro deverá fazer a experiência da reconciliação com um vazio, com as redes vazias. E é somente a partir daquela reconciliação que poderá tornar-se "pescador de homens". Somente a partir da escuta e da obediência a alguém que lhe diz: "Desobedece àquelas redes vazias e me escuta".

O que o Senhor faz com Pedro, senão reenviá-lo para o mar e fazê-lo jogar novamente as redes?

II
CRUZ
(OU SOBRE POR QUE O SENHOR NOS SALVA POR MEIO DA NOSSA FRAQUEZA)

Iniciamos este nosso percurso deixando-nos guiar por uma palavra-chave: fraqueza.

O aspecto que tentamos analisar no capítulo precedente é ir à raiz vocacional de cada um de nós para percebermos que o olhar de Deus na nossa vida não examina em primeiro lugar o que temos de melhor segundo o mundo: não é um olhar fixo sobre os nossos talentos. O Senhor não vê em nós potencialidades exploráveis, mas geralmente olha para o que ninguém quer ver, o que até nós mesmos temos dificuldade de acolher. É, na verdade, por meio da experiência da fraqueza que vivemos, que o Senhor nos prepara para as nossas responsabilidades de hoje.

A maior escola de formação é a nossa própria história, com aquilo que mais nos fez sofrer, que tornou a nossa vida imperfeita, uma vida que experimentou o limite. Dizíamos, portanto, que a verdadeira leitura vocacional que devemos fazer é a partir da fraqueza, sem, naturalmente, nos gabarmos disso de maneira banal. Tendo experimentado o sofrimento, a fraqueza, o limite, encontramos também uma humanidade que estava escondida dentro de nós. Quando uma pessoa percebe a própria fraqueza, ela se humaniza.

HUMANIZAR OS NOSSOS ESQUEMAS

Este aspecto foi muito bem retratado em um trecho do Evangelho de João 8,1-11:

> Jesus foi para o monte das Oliveiras. Pela manhã, novamente, encontrava-se no Templo, e todo o povo veio até ele, e, sentado, ensinava-o. Os escribas e os fariseus trouxeram uma mulher surpreendida em adultério, colocaram-na no meio e disseram-lhe: "Mestre, esta mulher foi surpreendida em flagrante adultério. Na Lei, Moisés nos ordenou que essas tais sejam apedrejadas. E tu, o que dizes?" Diziam isso para colocá-lo à prova, para terem de que acusá-lo. Jesus, porém, abaixou-se e começou a escrever na terra com o dedo. Como continuassem a interrogá-lo, levantou-se e disse-lhes: "Aquele dentre vós que for sem pecado seja o primeiro a lhe atirar uma pedra!" E novamente se abaixou e escrevia na terra. Aqueles que ouviram foram saindo, um após o outro, a começar pelos mais velhos, e deixaram-no só com a mulher, que estava no meio. Tendo-se levantado, Jesus lhe disse: "Mulher, onde estão eles? Ninguém te condenou?" Ela disse: "Ninguém, Senhor". Disse Jesus: "Nem eu te condeno. Vai e, de agora em diante, não peques mais!"

Levam diante de Jesus uma adúltera pega em flagrante. Não é uma questão dúbia, trata-se de evidência. Convidam-no, então, a escolher entre continuar a tratar as pessoas de forma acolhedora ou defender a tradição, a Lei, o princípio de fidelidade ao esposo, o princípio de Moisés. Jesus deve escolher: as pessoas ou as regras?

Em certos discursos que fazemos hoje em dia, quando falamos de problemas desse tipo, corremos o risco de dizer em tom populista: "Em primeiro lugar as pessoas! Nós devemos ir ao encontro das pessoas, olhar nos olhos delas". No entanto, uma das formas mais autênticas de amar as pessoas é por meio da Verdade. Não podemos dizer que as amamos, renunciando à Verdade e à clareza que ela exige. Jesus mostra uma inteligência extraordinária e uma astúcia pastoral que continua a ser um exemplo até hoje. Ele sabe que não pode eliminar uma das duas possibilidades, sabe que não pode simplesmente salvar aquela mulher descartando Moisés, nem pode manter Moisés, descartando o sofrimento e a unicidade daquela mulher. A única maneira que tem de salvar tudo é apelar para as pessoas que lhe fizeram aquela pergunta. Ele humaniza completamente os interlocutores ao lembrá-los de seus pecados. Diz: "Concordo, tendes perfeita razão, mas quem estiver sem pecado jogue a primeira pedra" (cf. Jo 8,7). O Evangelho é muito preciso ao dizer que, do mais velho até o mais jovem, todos foram embora, deixando cair as pedras que tinham nas mãos.

Às vezes, estamos cheios de razões, de regras, de esquemas, temos a verdade muito clara dentro da nossa cabeça, mas nos falta uma característica: a de ser humanos enquanto pensamos na Verdade e enquanto a propomos aos outros. Pois bem, a única coisa que nos humaniza é, em vez disso, recordar-nos dos nossos pecados, fazer memória das nossas fraquezas. A nossa fraqueza se torna uma escola: não é simplesmente a raiz fundamental, radical, vocacional do nosso chamado ao sacerdócio, mas é o que nos mantém constantemente humanos.

O CORDEIRO DE DEUS

Quero agora dar um passo adiante e falar da relação que existe entre a nossa vocação e o mistério da fraqueza.

Quero partir de uma consideração não minha, mas de João Batista. Quando o Batista cruza com Jesus, dirige-se a ele não usando nenhum título daqueles que poderíamos esperar. Não o chama "Senhor", não o chama "Filho de Deus", não o chama "Messias", não se dirige a ele usando alguma dessas palavras, mas dizendo: "Eis o Cordeiro de Deus" (Jo 1,29). Está, assim, nos indicando, talvez, a característica mais importante de Jesus: o sacrifício que realizará na cruz para a salvação de cada um.

Deus agirá com poder na vida do Filho, não segundo um poder humano, mas sim por meio da perda - por meio do fracasso da cruz e da fraqueza da cruz. Essa é a maneira que Deus escolheu para salvar o mundo: *a loucura da cruz* (cf. 1Cor 1,18). Portanto, se Jesus é o Salvador – e é o Salvador –, salvou-nos enquanto cordeiro, enquanto vítima.

Santo Agostinho tem sempre expressões profundas, significativas e geniais ao dizer-nos a verdade das coisas. Olhando o sacerdócio de Cristo, sustenta que Jesus é sacerdote *porque* vítima. Se dizemos isso de Jesus, estamos afirmando algo de significativo também para todos os sacerdotes. No momento da ordenação presbiteral, de fato, é dirigida aos candidatos esta pergunta: "Tome consciência do que vai fazer e coloque em prática o que vai celebrar, conformando a sua vida ao mistério da cruz do Senhor". Essas palavras têm um peso imenso. Tornar-se sacerdote nos une de uma maneira especialíssima a Cristo, mas não a um Cristo qualquer, ao Cristo Cordeiro de Deus, ao Cristo crucificado.

O chamado ao sacerdócio é um chamado a conformar toda a vida ao mistério da cruz de Cristo. Isso significa que a parte mais interessante do sacerdócio não se realiza naquilo que hoje parece fundamental: uma pastoral *ad extra*, o cuidado das almas entendido como algo a ser feito e no qual os sacerdotes, justamente, buscam colocar-se à disposição e ser úteis à Igreja; a parte mais interessante do sacerdócio se manifesta quando os sacerdotes se conformam ao mistério da cruz de Cristo, nosso Senhor: este é o chamado sacerdotal.

A FRAQUEZA DA CRUZ

Neste capítulo, então, quero traçar um pequeno itinerário que faça com que entendamos o que significa para cada um de nós conformar-nos à fraqueza da cruz, assumir a fraqueza da cruz como o traço mais característico e necessário quando alguém é confiado ao nosso cuidado. O sacerdócio, de fato, está sempre ligado a um povo; até quando os bispos têm um ministério que não os mantêm diretamente ligados ao povo, ao menos por uma forma de ficção jurídica devem ter uma diocese titular, quase como se dissesse que não pode existir, por definição, um pastor que não esteja ligado às pessoas. Os sacerdotes são ordenados sempre em vista do povo, mas as pessoas que a eles são confiadas existem simplesmente para que possam encontrar, por meio do sacerdócio, Cristo, o Cordeiro de Deus, ou seja, o mistério da cruz de Cristo.

Como sacerdotes, não devemos jamais permanecer alheios àquilo que celebramos; na verdade, a nossa vocação não tem muito a ver com o verbo "fazer", mas com o verbo "ser".

Percebemos isso também liturgicamente, exatamente no momento mais importante da Eucaristia. Durante toda a duração da missa, o sacerdote ou fala em nome do povo ou se dirige a Deus usando a segunda pessoa.

Mas, no momento mais importante da Eucaristia, tudo muda: na consagração, o sacerdote usa a primeira pessoa.

Nessa hora, não existe diferença entre aquilo que ele tem nas mãos e ele mesmo, entre a palavra que pronuncia e Jesus, que a pronunciou uma vez por todas na Última Ceia: "Isto é o meu Corpo, que será entregue por vós".

A teologia nos ensina que naquele momento o sacerdote age "*in persona Christi*". Não se trata de ficção, é um dos mistérios do sacerdócio: nós somos chamados, naquele momento, a assumir, em primeira pessoa, o que o Senhor fez de uma vez por todas, por meio daquela ceia, por meio da sua Paixão, morte e ressurreição.

O Papa Francisco, em uma das suas leituras originais, fez uma diferenciação de termos para alertar sobre um risco aos sacerdotes e fiéis: o de permanecerem alheios ao que celebramos: o sacerdote é mediador da salvação, não intermediário.

O Papa explica isso assim:

> O intermediário é aquele que se põe no meio e recebe um percentual pela intermediação; depois de ter recebido a porcentagem, o problema acabou para ele. Todo o seu ministério se encerra ao receber um percentual daquilo que aconteceu, mas o mediador não, porque o

> mediador paga pessoalmente o que busca mediar. O mediador oferece a si mesmo como mediação, e é ele o elo que conecta as coisas. Portanto, nós que oferecemos a nossa mediação estamos oferecendo a nós mesmos, a fim de que as pessoas encontrem a Cristo não por meio da nossa intermediação, mas por meio da nossa mediação, tornando-nos o próprio acontecimento por meio do qual o povo pode encontrar verdadeiramente a Cristo.

Traduzido de maneira menos diplomática, significa que o mediador paga em primeira pessoa a mediação.

Paulo, na Primeira Carta aos Coríntios (1,17-25), assim diz:

> De fato, Cristo não me enviou para batizar, mas para evangelizar, não em sabedoria de palavra, para que a cruz do Cristo não se torne vã. Certamente, a palavra da cruz, para os que perecem, é loucura, mas, para nós, que estamos sendo salvos, é potência de Deus. Pois está escrito: "*Destruirei a sabedoria dos sábios, e a inteligência dos inteligentes rejeitarei*". Onde está o sábio? Onde está o escriba? Onde está o argumentador deste século? Deus não tornou louca a sabedoria do *mundo*? Pois, visto que na sabedoria de Deus o mundo não conheceu a Deus pela sabedoria, Deus quis, por intermédio da loucura do anúncio, salvar aqueles que creem. Porque, de um lado, os judeus pedem sinais e, do outro, os gregos procuram sabedoria; nós, porém, anunciamos Cristo crucificado,

> escândalo para os judeus e loucura para os gentios; entretanto, para os chamados, tanto judeus quanto gregos, Cristo é potência de Deus e sabedoria de Deus. Porque a loucura de Deus é mais sábia que os seres humanos; e a fraqueza de Deus é mais forte que os seres humanos.

Creio que não exista nada mais claro do que o que Paulo diz na Carta aos Coríntios, que é um pouco o prolongamento daquilo que Jesus tinha dito no Evangelho de João, quando falava de si mesmo como aquele que teria encontrado a maior eficácia no momento de sua maior fraqueza: "E eu, quando for elevado da terra, atrairei todos a mim" (Jo 12,32).

Em que devemos encontrar a eficácia do nosso ministério? É sempre o Papa que, retornando muitas vezes a essa problemática, diz que estamos aflitos por duas grandes heresias que voltaram a estar em voga na Igreja: uma forma de gnosticismo e uma forma de pelagianismo. Os pelagianos, para dizê-lo com simplicidade, estão convictos de que a solução para todo problema esteja em uma boa estratégia. Na realidade, a maior e mais verdadeira estratégia está em levar novamente a sério o Evangelho, até o ponto de perceber que a coisa mais importante que podemos fazer não tem nada a ver com as nossas performances, não tem nada a ver com algo que possamos fazer externamente. Trata-se, ao contrário, de reencontrar o valor profundo da oferta de nós mesmos precisamente no nosso sacerdócio batismal, naquela característica importantíssima que é a união a Cristo, sobretudo na fraqueza da cruz. É como se o Senhor questionasse cada um de nós para saber se estamos dispostos ou não a oferecer alguma coisa de nosso por aquilo que ele nos confiou.

Alguns diriam: o que você está disposto a perder?

Creio que, em nossa vida, devemos sempre nos fazer esta pergunta: o que você está disposto a oferecer? Estamos convictos de que a eficácia da nossa vocação não reside tanto em uma forma estratégica externa, mas está confiada, de forma quase primordial, à oferta da nossa fraqueza? Que existe uma ligação profundíssima entre a salvação das pessoas que servimos por meio do ministério e nós mesmos, o nosso próprio sacerdócio? E isso não se aplica somente aos sacerdotes instituídos, mas a todos os batizados, que são sacerdotes, reis e profetas em virtude do próprio Batismo.

Devemos recordar que, se existe um momento de verdadeira inutilidade de Jesus, é aquele em que ele é crucificado. Mas se existe um momento de máxima eficácia de Cristo, este é ainda Jesus sobre a cruz.

Nesse sentido, Jesus diz que, quando for elevado da terra, atrairá tudo a si, porque o que torna Cristo eficaz não é a sua pregação, não são os seus milagres, não é o fato de ressuscitar Lázaro, o filho da viúva de Naim, a filha de Jairo, ou de multiplicar pães e peixes; não é isso o mais importante de

Cristo. O mais importante de Cristo é que ele aceita perder pelo nosso amor, aceita ser posto na cruz pelo nosso amor. O seu amor se manifesta plenamente no momento da sua máxima inutilidade e fraqueza.

ESCOLHER O QUE NÃO SE ESCOLHEU

Existe uma parte dentro de nós que é a parte da fraqueza, do encontro com a cruz, com o que não escolhemos, com o que não queremos, mas que, no entanto, se manifesta. É o confronto com as circunstâncias da vida que, às vezes, não são favoráveis, e onde geralmente se consomem as nossas frustrações. Se nos sentimos desiludidos por causa dessas coisas que acontecem ao nosso redor, deveríamos, em vez disso, pensar que talvez seja exatamente aí que o nosso Batismo é eficaz: na capacidade de saber oferecer exatamente tudo o que nos parece inútil e um obstáculo.

Trata-se de uma parte escondida, até mesmo inconfessável. Não conseguimos falar livremente dela, não conseguimos dizer quanto a nossa vida está cheia de pequenas e grandes mortificações. Mas talvez não seja essa a maneira por meio da qual o Senhor nos mantém com os pés no chão e nos une mais intimamente a ele?

Paulo compreendeu isso muito bem quando, na Carta aos Filipenses (3,7-14), assim disse:

> Mas, quanto era para mim ganho, isso estimei, por causa do Cristo, perda. Mais ainda: considero tudo perda por causa da supremacia do conhecimento de Cristo Jesus, meu Senhor por quem tudo deixei e considero como lixo, a fim de ganhar Cristo e ser encontrado nele, tendo como minha justiça não aquela que vem da lei, mas aquela que vem pela fé em Cristo, a justiça de Deus baseada na fé, para conhecê-lo, bem como o poder de sua ressurreição e a comunhão de seus sofrimentos, sendo conformado em sua morte, para ver se alcanço a ressurreição dos mortos. Não que eu já o tenha recebido ou já seja perfeito; prossigo, no entanto, para ver se o alcanço, uma vez que fui alcançado por Cristo Jesus. Irmãos, eu mesmo não penso ter alcançado, mas uma coisa faço: esquecendo-me do que fica para trás, avançando para o que está adiante, segundo uma meta, prossigo para o prêmio da vocação que vem do alto, de Deus, em Cristo Jesus.

Esse é o nosso chamado, conhecer o poder da Ressurreição de Cristo, tornando-nos conforme à sua morte.

Sei que estamos falando, aparentemente, em teoria, e que tudo isso deveríamos aplicar em nossa vida. Por isso, recordo a experiência de um sacerdote que adoeceu de uma enfermidade terrível, que não afeta somente o corpo, mas uma parte de nós que, muitas vezes, nem conseguimos controlar: foi afetado por uma profundíssima depressão, que o paralisou por completo.

Não conseguia fazer mais nada. Não conseguia sequer cuidar das tarefas que lhe tinham sido confiadas enquanto pároco. Teve que deixar a paróquia, depois deixou de presidir a missa, e passou a só concelebrar, pois não conseguia, de fato, levar a celebração até o fim. Não conseguia mais ouvir as confissões nem pregar, e, um dia, tomado completamente pelo desespero por esse sentimento de profunda prostração, fraqueza e inutilidade, surgiu-lhe esta pergunta: "Mas, se não posso mais fazer nada disso, para que sirvo? Para nada!". Foi até o seu bispo e lhe disse: "Gostaria de deixar o ministério sacerdotal, não porque eu não me sinta chamado ao sacerdócio, mas porque não posso mais exercê-lo". O bispo, com uma sabedoria extrema, olhou para ele e lhe respondeu: "A Igreja não é uma empresa onde as pessoas valem pelo que produzem; talvez o Senhor esteja pedindo a você que viva o sacerdócio na oferta dessa mortificação. Está disposto a segui-lo nesse caminho? Está disposto a renovar as suas promessas sacerdotais, dizendo: 'Se queres, Senhor, que eu viva assim o meu sacerdócio. Estou disposto a oferecer-te tudo o que está me acontecendo'".

Sei que seria muito mais gratificante poder fazer tudo o que os outros fazem e que, ao não poder fazer isso, a gente pense que é inútil. Mas, e se esse fosse exatamente o pedido que Jesus está fazendo a você para a salvação dos homens, para a salvação das pessoas que lhe são confiadas?

Paulo dirá: "Completo em minha carne o que resta das aflições do Cristo em favor de seu corpo que é a Igreja" (Cl 1,24). Aos olhos do mundo e, talvez, até aos próprios olhos, ele é inútil, mas, diante dos olhos de Deus, está entre os mais preciosos ministros, porque é um ministro crucificado.

Isso também se aplica a muitos sacerdotes idosos, que, de vez em quando, começam a pensar que não são mais úteis porque não conseguem mais fazer o que costumavam fazer, porque foram dispensados de suas funções, porque têm que lidar com seu corpo, com sua fraqueza, porque não têm mais controle sobre o que deveriam controlar e parecem estar reduzidos à imobilidade. E se esse fosse, ao contrário, o momento mais alto da vida sacerdotal, aquele em que se experimenta a própria inutilidade? Jesus não pode fazer muito quando tem as mãos pregadas na cruz, no entanto, se nos salvou, é porque estava ali.

E se cada um de nossos chamados dependesse apenas da aceitação da cruz, em todas as suas formas, em qualquer fase da nossa vida? Quem somos nós para dizer não a Deus, para pensar em dar-lhe somente o que consideramos útil?

Quando mudamos esse olhar, imediatamente nos damos conta de que o mundo é feito de outras prioridades, mas que o Senhor, quando pensou na Igreja, quando pensou em nós, inverteu a prioridade. Diz ainda Paulo: "Deus compôs o corpo dando maior honra ao que tem maior necessidade" (1Cor 12,24b).

A oração de um doente é mais preciosa que a nossa, não somente porque vem de uma pessoa que está sofrendo, mas porque, quando uma pessoa sofre, geralmente se fecha em si mesma, vendo somente o próprio sofrimento. Quando, em vez disso, uma pessoa que sofre encontra coragem para pedir por outra pessoa, a força do seu pedido é muito maior que a de qualquer outra pessoa. Humanamente falando, ela deveria pensar somente em si mesma, mas, em vez disso, pensa nos outros.

A preciosidade da oração dessa pessoa é maior do que a de todos os outros, porque vem de alguém que não deixa prevalecer a ditadura da própria dor: daí a sua eficácia.

Jesus pede algo para nós exatamente no momento em que teria todo o direito de estar debruçado sobre a própria dor, sobre o próprio sofrimento, sobre a própria cruz.

É um pouco como dizer que verdadeiramente cuidamos daqueles que Jesus nos confiou quando encontramos coragem de compreender as palavras do Salmo 40,7-9:

> Não apreciaste sacrifício e oferta,
> mas me abriste os ouvidos.
> Não pediste holocausto e sacrifício pelo pecado.
> Então disse: "Eis que cheguei!

Sobre mim está escrito no rolo do livro.
Ó, meu Deus, apreciei fazer tua vontade:
tua instrução está em minhas entranhas".

"Não quero sacrifícios", disse Deus, "não quero ofertas: quero você."

Se a existência de um sacerdote se limita, simplesmente, à oferta de algo – sacrifícios, holocaustos etc. –, trata-se certamente do exercício de um ministério. Mas chega um momento em que é como se o Senhor dissesse: "Não quero mais nada: quero você, quero a oferta de si mesmo; está disposto a essa oferta?". Compreende-se, então, por que Agostinho fala de "sacerdote porque vítima".

A ALEGRIA VERDADEIRA

Sei que a ideia que vem disso é um pouco "*noir*", mas é daí que nasce a alegria que o mundo não dá. Uma pessoa que vive isso, vive uma intimíssima alegria. Quando nos colocamos da maneira certa na cruz, é então que nasce dentro de nós uma experiência de íntima alegria que não vem do mundo.

Ninguém é inútil, ao contrário: o que o mundo considera inútil, aos olhos de Deus é mais precioso. Digo isso, sobretudo, àqueles que se sentem bloqueados, àqueles que experimentam um problema semelhante.

AGOSTINHO E JERÔNIMO

Uma comparação entre dois santos pode ser útil. Refiro-me a São Jerônimo e Santo Agostinho.

A experiência humana dos dois é muito diferente: Agostinho vem de uma vida dissoluta, libertina, uma vida em que teve que passar não só pelo distanciamento de Deus, mas também pela heresia maniqueísta, para chegar finalmente ao Cristianismo, tal como Santo Ambrósio conseguiu transmitir-lhe. Ao ler Agostinho, percebe-se que existe toda uma vida por trás, uma história, um drama. Ele consegue encontrar sempre as palavras corretas porque talvez elas tenham nascido de uma experiência de profundo sofrimento pessoal.

Jerônimo é mais rígido, é um daqueles que sempre esteve habituado a ser o primeiro da classe. Os primeiros da classe têm sempre a ânsia de superar a si mesmos. Inicialmente, constrói para si uma posição eminente em Roma. Depois, deixa tudo e vai para Jerusalém, onde vive em penitência, jejum, nas cavernas, tentando a grandíssima tarefa, que terá sucesso, de traduzir e comentar a Bíblia.

Jerônimo é um grande santo que trabalhou muito em si mesmo. Quando se dirige a Agostinho, parece não ter por ele uma grande estima. Talvez conheça a história do seu passado. Vive um pouco a síndrome do filho mais velho da parábola do "filho pródigo". Bem, Jerônimo se encontra vivendo uma ulterior conversão na conversão. Ele, o asceta e o primeiro em tudo, deverá entender que é necessário oferecer tudo a Deus, mesmo o que para nós parece apenas desperdício. Na verdade, enquanto oferecemos os nossos sacrifícios, os nossos jejuns, as nossas orações, o nosso trabalho, o nosso cansaço, a nossa penitência, os nossos retiros, o abandono das honras, das carreiras, tudo isso está muito bem; mas existe um momento em que o Senhor nos pede também o que jamais passaria pela nossa cabeça dar-lhe, e que Agostinho, ao contrário, lhe ofereceu em primeiro lugar: os pecados. Jerônimo deve entender que, ao Senhor, deve aprender a oferecer também os seus pecados. Enquanto não chegarmos a essa oferta, teremos sempre a tentação de desprezar os outros.

Em que consiste a oferta dos nossos pecados?

Todos nós lutamos contra o pecado e, muitas vezes, fracassamos. Devemos lutar até o extremo contra o pecado, mas, quando não conseguimos, quando erramos e fracassamos, não devemos envergonhar-nos em oferecer também esse fracasso, porque é uma humilhação, é uma conformação à cruz. Mais uma vez, não somente dar o melhor de nós, mas tudo de nós.

Cito novamente São Paulo (2Cor 12,7b-8), porque o seu pensamento nos ajuda, de algum modo, a entrar, de maneira mais profunda, naquilo que o Evangelho nos anuncia:

"Foi-me dado um espinho na carne, um mensageiro de Satanás, para me golpear, a fim de eu não me superexaltar. Por causa disso, três vezes pedi ao Senhor que o retirasse de mim".

Existe uma coisa que nos mantém com os pés no chão: é a experiência do nosso pecado, que nos constrange a caminhar com humildade, a não nos envaidecermos. É "o espinho na carne", como o define São Paulo.

"Um mensageiro de Satanás, para me golpear": o apóstolo sabe muito bem que não é o Espírito Santo que faz tudo isso, mas Satanás, e depois prossegue: "Por causa disso, três vezes pedi ao Senhor que o retirasse de mim": livra-me de tudo isso: "E ele me disse: 'Basta-te minha graça, pois a potência é aperfeiçoada na fraqueza'" (2Cor 12,9a). É uma resposta séria: "Livra-me de tudo isso!". "Não te basto eu e sabes que é exatamente na fraqueza que se manifesta a minha força." Ousarei dizer que é na oferta dessa fraqueza que a força se manifesta plenamente. E prossegue Paulo (2Cor 12,9b-10): "Portanto, com muita satisfação me vangloriarei em minhas fraquezas, para que em mim habite a potência de Cristo. Por isso, comprazo-me nas fraquezas, nos insultos, nos sofrimentos físicos, nas perseguições e nas angústias por Cristo, pois, quando sou fraco, então é que sou forte".

Juntando tudo isso que Paulo diz, somos impulsionados a encontrar uma frase ainda mais eficaz que a dele, que ilumine melhor a nossa experiência. Poderíamos dizer: "Quando sou fraco, é então que ele é forte".

O POUCO MODIFICADO

Outro trecho útil que encontramos no Evangelho de Marcos é o da multiplicação dos pães e dos peixes (Mc 6,30-44):

> Os apóstolos reuniram-se com Jesus e contaram-lhe tudo quanto fizeram e quanto ensinaram. Disse-lhes: "Vinde vós, a sós, a um lugar deserto e descansai um pouco!" De fato, os que chegavam e os que partiam eram muitos e não encontravam tempo para comer. E afastaram-se de barco para um lugar deserto, a sós. Muitos que os viram partir, tomando conhecimento, correram por terra, de todas as cidades, para lá e chegaram antes deles. Ao desembarcar, Jesus viu uma numerosa multidão e foi tomado de compaixão por eles, porque eram como ovelhas que não têm pastor, e começou a ensinar-lhes muitas coisas. Sendo já a hora muito avançada, seus discípulos aproximaram-se dele e diziam: "O lugar é deserto, e a hora já muito avançada. Despede-os, para que, indo aos campos e povoados em torno, comprem para si o que comer!" Ele, porém, respondeu-lhes: "Dai-lhes vós mesmos de comer". Disseram-lhe: "Saindo, compraríamos duzentos denários de pão e lhes daríamos de comer?" Ele lhes disse: "Quantos pães tendes? Ide

> ver!" Tendo verificado, disseram: "Cinco, e dois peixes". E ordenou-lhes que se recostassem todos, em turmas de convivas, sobre a relva verde. Sentaram-se em grupos de cem e de cinquenta. Então tomou os cinco pães e os dois peixes, elevou o olhar ao céu, bendisse e partiu os pães, e dava a seus discípulos para que os distribuíssem, e os dois peixes dividiu entre todos. Todos comeram e ficaram saciados. E recolheram as sobras: doze cestos cheios, também com os peixes. E os que comeram os pães eram cinco mil homens.

Encontramo-nos em uma experiência de pobreza, em que os meios não são adequados para alimentar a multidão, e Jesus usa uma afirmação aparentemente ambígua: "Dai--lhes vós mesmos de comer" (Mc 6,37), o que pode significar duas coisas: devem *fazer-se comer* ou devem *dar de comer*. Recordo o que Santa Teresa de Calcutá uma vez disse durante uma entrevista, quando lhe perguntaram: "Madre, mas a senhora tem um lema?". "Sim, o meu lema é composto de duas palavras: 'faça-me comer'." Quem é sacerdote não experimenta às vezes a sensação de estar sendo consumido pelo próprio povo? E talvez não seja uma das características do ministério presbiteral nos tornarmos nós próprios alimento? Não há uma verdadeira medida no sacerdócio, não existe a "medida certa". Nós lutamos constantemente para não nos deixarmos devorar. No entanto, toda a nossa conformação, no fim, é a de nos rendermos, de nos tornarmos nós mesmos alimento, de nos deixarmos consumir, de nos tornarmos aquilo que gostaríamos de oferecer aos outros. Mas isso é verdadeiro em toda vocação específica.

Conformar-se a Cristo significa, por sua vez, tornar-se ele. A palavra "conformação" significa ter a mesma forma, assumir a mesma forma. Em um certo ponto, começamos a nos assemelhar tremendamente a Cristo, porque assumimos a mesma forma.

EUCARISTIA

A celebração eucarística tem a sua centralidade na vida da Igreja e de cada cristão, porque é exatamente ali que acontece a transformação da fraqueza, porque esse é o lugar da oferta da nossa humanidade.

Quem celebra tem, portanto, duas responsabilidades: a primeira é a de conformar-se com que está celebrando; e a segunda é a de recolher o que é do mundo e oferecê-lo sobre o altar para que se torne o Corpo e o Sangue de Cristo, ou seja, para que o Senhor o preencha de redenção, de salvação.

Nós temos essa grande responsabilidade: assumir o cansaço de uma mãe, as dores de um pai, as esperanças de um jovem, o sofrimento de um doente, as lamentações de um idoso, pegar tudo isso e, levando-o para o altar, fazer a

Eucaristia. Tudo isso é preenchido com redenção, torna-se o Corpo e o Sangue de Cristo, torna-se o próprio Cristo. Foi do agrado de Deus dar-nos essa responsabilidade.

Poderia fazê-lo sem nós? Sim, poderia fazê-lo, mas não o fez, pediu a nós que o fizéssemos, pediu que participássemos dessa obra de redenção, que emprestássemos a nós mesmos, a fim de que essa transformação acontecesse. O termo mais justo é o que usou Bento XVI no seu 65º aniversário de ordenação presbiteral. Assim disse o Papa emérito, explicando a palavra "*Eucaristomen*": "[Cristo] transformou em ação de graças e, desse modo, em bênção, a cruz, o sofrimento, todo o mal do mundo. E, assim, fundamentalmente, transubstanciou a vida e o mundo e nos deu – e continua a nos dar todos os dias – o pão da verdadeira vida, que supera o mundo graças às forças do seu amor".

Nós nos sentimos investidos da responsabilidade de querer resolver o problema das pessoas, e, às vezes, temos essa possibilidade, e é certo fazê-lo; mas a mais alta forma de caridade que, como cristãos, devemos às pessoas que nos circundam não é resolver todos os seus problemas, mas saber levar ao altar todos esses problemas, toda a sua humanidade.

Como sacerdotes, pronunciamos em voz baixa esta fórmula, enquanto derramamos a água no vinho: "Pelo mistério desta água e deste vinho, possamos participar da divindade do vosso Filho, que se dignou assumir a nossa humanidade". Quando aquelas gotas caem no cálice com o vinho, já não se reconhecem mais como água: tornam-se vinho. É belo poder pensar que tudo o que escutamos das pessoas, tudo o que encontramos, tudo o que nos é confiado, tudo o que se passa no nosso ministério sacerdotal, quando o levamos ao altar, desaparece como simples experiência humana e se torna Cristo, torna-se uma fraqueza que salva, torna-se a potência da cruz.

É na Eucaristia que a cruz adquire a sua potência salvífica e a mais alta forma de caridade que nós, cristãos, podemos doar ao mundo. Um sacerdote é consagrado, fundamentalmente, para isso. Todo o resto poderia não existir, e, se existe, é sempre porque está ligado a esse Essencial.

A RENOVAÇÃO DAS PROMESSAS

O último trecho que tomamos para nos ajudar, desta vez, o encontramos entre os capítulos do Evangelho de João (Jo 21,15-19). Estamos exatamente no fim do Evangelho e, na última aparição do Ressuscitado, acontece uma crise. Os discípulos ainda carregam o sofrimento e o medo pela morte de Cristo. Pedro, que foi sempre líder, também nas crises, tem a ideia de ir pescar, de voltar ao que de melhor sabia fazer. E justamente durante aquela pesca acontece de novo, como no princípio: não pescam nada. Enquanto isso, um estranho que não conseguem reconhecer está na praia e grita, ordenando que joguem as redes. E as redes se enchem. João tem uma intuição e reconhece o Senhor. Pedro nada os cem metros mais velozes do Evangelho, chega ali, e aquele encontro é pleno de silêncio. Ninguém ousa dizer nada, porque todos sabem quem é aquele homem. Eles fazem a Eucaristia, comem aquele peixe. Esse trecho está pleno de simbologia.

Terminada a ceia, acontece o famoso colóquio entre Pedro e Jesus, no qual Jesus tenta "equilibrar as contas" com Pedro por meio da tríplice fórmula: "Tu me amas mais do que esses?". Existe uma parte que sempre me impressionou muito: no início de toda a história, Jesus chama Pedro a deixar as redes e o barco e se tornar "pescador de homens" (Mc 1,17). No fim do Evangelho de João, é como se Jesus celebrasse uma renovação da sua vocação (poderemos chamá-la uma renovação das promessas sacerdotais), e o faz de uma maneira muito peculiar. Diz a Pedro: "Quando, porém, te tornares velho, estenderás tuas mãos e outros te cingirão" (cf. Jo 21,18). Apressa-se imediatamente o evangelista João a explicar-se: "Disse isso para assinalar por qual morte ele glorificaria a Deus" (cf. Jo 21,19). Pedro teria compreendido? Não creio. Naquele momento, misteriosamente, ele acolhe as palavras de Jesus, que lhe diz: "Olha, nem tudo serão flores; chegará um momento em que terá de fazer coisas de que não gostará".

Digo isso porque, no fundo, não sabemos o que será de nós, como as coisas irão acontecer, que rumo tomará a nossa vida. Isso não nos deve encher de medo, mas de uma profunda paz, porque é como se, todas as vezes em que passamos por etapas que nos levaram, por exemplo, ao sacerdócio, o bispo - ou quem o representa - tivesse pronunciado estas palavras: "Que o Senhor leve à plenitude a obra que em ti começou". Toda a vida sacerdotal é uma tentativa do Senhor de levar à plenitude o que iniciou em nós.

É na entrega de nós mesmos que exercitamos em maior grau o "múnus sacerdotal". Por esse motivo, estas páginas não poderiam iniciar senão pela fraqueza, senão pela cruz. Paulo diz que poderíamos também iniciar pela sabedoria, pelos "discursos sapientes", mas estes não salvam. Ao Senhor, porém, agradou salvar-nos pela loucura da pregação (1Cor 1,17ss), a pregação da cruz.

DOAR COM ALEGRIA

Mas não basta a oferta, nem mesmo o dom da nossa vida.

No Evangelho – é Paulo quem nos diz isso – é dito algo importantíssimo, que não devemos absolutamente esquecer: não basta doar para sermos felizes, não basta doar para sermos santos.

Os santos não são aqueles que apenas doam: "Deus ama quem doa com alegria" (2Cor 9,7), não quem apenas doa.

O dom do celibato é pesado? Às vezes, sim, mas não basta doar o celibato e buscar resistir o máximo possível em nossa vida; é preciso doá-lo com alegria e pedir ao Senhor a graça de não experimentar qualquer tipo de frustração na experiência do dom.

É fácil permanecer fiel à pessoa que se ama? Muitas vezes não, mas permanecer fiel não pode ser vivido somente como um ato de vontade, mas como uma escolha feita conscientemente e com alegria.

Deus é aquele que sabe tirar a alegria até mesmo da experiência da nossa conformação ao mistério da cruz.

A grande questão é: se essa alegria nos falta, o que há de errado conosco? Ninguém nos obrigou a fazer o que estamos fazendo; fomos nós próprios que escolhemos isso. Escolhemos dizer "sim" – "Então disse: 'eis que cheguei!'" (cf. Sl 40,7; Hb 10,7) –, e nessa nossa experiência de liberdade não devemos jamais deixar de fora a alegria. Ela não pode ser forçada; ao contrário, talvez seja a prova de que estamos fazendo o que é certo.

Espero e desejo que, ao vasculhar todas as coisas que trazemos dentro de nós, no fundo de tudo, cada um possa reencontrar uma íntima alegria. Quem a encontra, pode fazer tudo.

Sem a alegria, no entanto, não nos estamos santificando, e cada sacrifício que fazemos não somente não nos santifica como às vezes também atrasa o caminho dos outros, porque uma pessoa infeliz comumente propaga infelicidade.

III
VERDADE
(OU SOBRE POR QUE, SEM ELA, O AMOR E O TESTEMUNHO NÃO TÊM ESPINHA DORSAL)

Se nos capítulos precedentes a palavra-chave que nos guiou foi o termo "fraqueza", agora nos guiará a palavra "verdade".

Não podemos exercitar nenhum ministério de guia, de educação, de acompanhamento, se não entendermos profundamente a ligação que existe entre nós e a verdade.

A MENTALIDADE

Buscaremos analisar dois aspectos: um se refere à nossa identidade e outro ao ministério de guiar as pessoas que nos são confiadas.

Como semprc, dcixemo-nos acompanhar pela Palavra de Deus (Mc 8,27-33).

> E saiu Jesus com seus discípulos para os povoados de Cesareia de Filipe. No caminho, interrogou seus discípulos: "Quem dizem as pessoas que eu sou?" Eles lhe disseram: "João Batista", e outros "Elias", outros ainda: "Um dos profetas". Ele os interrogou: "E vós, quem di-

> zeis que eu sou?" Pedro lhe respondeu: "Tu és o Cristo". E repreendeu-os para que a ninguém dissessem a seu respeito. E começou a ensinar-lhes que era necessário ao Filho do Homem sofrer muito e ser rejeitado pelos anciãos, pelos sumos sacerdotes e pelos escribas, ser morto e, depois de três dias, ressuscitar. E falava abertamente a palavra. Pedro, tomando-o à parte, começou a repreendê-lo. Ele, porém, tendo-se voltado e tendo visto seus discípulos, repreendeu Pedro, dizendo: "Vai para trás de mim, Satanás, porque não pensas as coisas de Deus, mas as coisas dos homens!"

Quando pensamos na verdade, pensamos imediatamente na retidão teológica. Sem querer escandalizar ninguém, porém, gostaria de recordar que existe no Evangelho alguém com uma extraordinária precisão teológica, até maior que a de Pedro: é o demônio. Todas as vezes que o diabo se dirige a Jesus, fá-lo com uma precisão teológica extraordinária.

Devemos quase dizer que o problema do diabo, o problema de Satanás, o problema do mal presente no Evangelho, não se refere à fé. A sua ortodoxia é inatingível.

A questão da "verdade" não se limita, portanto, à simples retidão teológica. Ela tem um nível mais profundo, mais incisivo. Por um lado, de fato, podemos ter informações teológicas corretas sobre Jesus, sobre Deus; podemos possuir uma ortodoxia profunda. Mas o que nos torna verdadeiramente discípulos é a mentalidade, o *modo* como raciocinamos. Isso faz a diferença. Creio também que esse seja o motivo pelo qual Jesus inicia o seu ministério público com um convite profundo à conversão.

Como já dissemos, carregamos conosco uma forma moralista de Cristianismo e, conquentemente, quando pensamos na conversão, imediatamente o nosso imaginário se volta para as nossas ações: fazer o bem ou fazer o mal? Utilizando os óculos do moralismo, não nos apercebemos de que o que conta mais na convesão não é tanto fazer o bem ou fazer o mal, mas o modo de raciocinar que precede cada escolha.

Quem se converte passa por uma reviravolta de mentalidade, começa a olhar as coisas de outro ponto de vista. Até que não mudemos o nosso ponto de vista, até que o encontro com Cristo não produza dentro de nós uma reviravolta de perspectiva nos nossos raciocínios, precisamente uma conversão, poderemos até conservar a mais perfeita retidão teológica – ortodoxa, precisa –, mas, ao mesmo tempo, viveremos completamente distantes daquilo que é a mensagem evangélica. Isso é uma espécie de neurose que, muitas vezes, está presente na nossa vida - uma neurose espiritual que faz muito mal. Jesus a descreve assim no Evangelho: "Não se põe vinho novo em odres antigos" (cf. Mt 9,17), porque, se colocarmos o vinho novo em odres velhos, eles se rompem.

E ninguém costura um pedaço de tecido novo em uma roupa velha, porque, na tentativa de consertar um buraco, faz-se um rasgão maior (cf. Mt 9,16).

O que Jesus quer dizer? Se não existe conversão, se não existe mudança de ponto de vista no nosso modo de raciocinar, a mensagem do Evangelho produz dilaceração em nós. Em vez de nos pacificar, ela nos rompe, faz com que vivamos divididos, e já não sabemos mais quem somos. Cria-se dentro de nós, espiritualmente, um conflito à moda de Dr. Jekyll e Mr. Hyde.[2]

Isso é também descrito por Paulo quando ele, falando do homem velho, do homem novo, do homem carnal, do homem espiritual, diz assim: "Desperto-me pela manhã e proponho-me fazer todo o bem do mundo, depois me percebo à noite de ter feito exatamente o contrário; existe dentro de mim algo como uma força mortífera, algo que trava uma batalha em mim" (cf. Rm 7,18-25). Paulo nos indica que

---

2 "O médico e o monstro" é uma série gótica, com elementos de ficção científica e terror, escrita pelo autor escocês Robert Louis Stevenson e publicada originalmente em 1886. Na narrativa, um advogado londrino chamado Gabriel John Utterson investiga estranhos acontecimentos com o seu velho amigo, Dr. Henry Jekyll, e o malvado Edward Hyde. A obra é conhecida por sua representação vívida do fenômeno de múltiplas personalidades, quando em uma mesma pessoa existem tanto uma personalidade boa quanto uma personalidade má, ambas muito distintas uma da outra. O impacto do romance foi tal que se tornou parte do jargão inglês, com a expressão "Jekyll e Hyde" usada para indicar uma pessoa que age de forma moralmente diferente dependendo da situação. (N.T.)

existe, na interioridade de cada um, um campo de batalha, onde duas partes de nós lutam entre si.

O Evangelho não tem como principal finalidade opor, mas pacificar, restaurar a unidade em nós.

Um Evangelho que cria somente divisão não transmite aquilo que o Senhor tinha em mente ao pensar no *homem novo*.

A verdade de que estamos falando, portanto, não é a retidão teológica, mas consiste em perguntar-nos se houve, de fato, uma mudança de mentalidade. É isso que nos autoriza a ser discípulos que testemunham, a exercer profundamente o nosso ministério.

O episódio do Evangelho que citamos tem esta estrutura: Jesus pergunta genericamente aos discípulos o que as pessoas pensam dele. Parece uma espécie de pesquisa, e todos estão bem informados para dizer o que os outros pensam de Jesus. Estamos sempre preparadíssimos para saber o que os outros pensam, inclusive a respeito de nós mesmos, não somente sobre o Senhor. O julgamento dos outros tem um peso importantíssimo na nossa vida, mesmo que digamos que não. Jesus, porém, em certo momento fecha o círculo, estreita o foco e se concentra em algo ainda mais importante. Não lhe interessa mais saber o que os outros pensam, mas questiona diretamente os discípulos: "Quem eu sou para vós? E vós, quem dizeis que eu sou?".

Nós sempre lemos o Evangelho muito apressadamente, mas, na realidade, depois dessa pergunta se cria um silêncio ensurdecedor, em que ninguém diz nada. Somente Pedro reage com uma fórmula, com uma profissão de fé belíssima e sintética: "Tu és o Cristo".

Nesse ponto, parece que o problema está resolvido: partiu-se do que os outros pensam, mas Jesus desloca a atenção para cada um dos seus. Ele os olha no rosto, perscruta seus olhos e personaliza a pergunta: "Quem sou eu para ti?". Pedro responde, e isso parece colocar Jesus numa situação de profunda serenidade. Se Pedro respondeu desse modo, de fato, ele finalmente pode permitir-se revelar suas cartas e dizer o que acontecerá com ele. Prossegue assim: "O Filho do Homem deve sofrer muito e ser rejeitado pelos anciãos, pelos sumos sacerdotes e pelos escribas, ser morto e, depois de três dias, ressuscitar".

Jesus parece não ter mais problema para falar explicitamente o que será da sua vida, o que lhe acontecerá. Diante do anúncio da sua Paixão, morte e ressurreição (os discípulos não chegam sequer a escutar essa última palavra, porque a Paixão e a morte já os impressionaram suficientemente!", Pedro toma novamente a palavra e, diz o Evangelho, com uma certa discrição: "Tomando-o [Jesus] à parte, começou a repreendê-lo". Jesus, por sua vez, não separadamente, mas, na frente de todos, repreende Pedro, dizendo-lhe inclusive para se afastar, para ficar atrás dele: "*Vade retro*, Satanás". Chama-o Satanás porque diz: "Tu não pensas as coisas de Deus, mas as coisas dos homens!". Eis o conflito: ter fé e, porém, continuar a pensar "segundo os homens".

Até que a nossa fé não mude o nosso modo de pensar, somos nada mais e nada menos que iguais a Satanás. Com toda a fé, com todo o nosso ministério, com toda a celebração dos sacramentos, com tudo o que fazemos, não existe, fundamentalmente, nenhuma diferença entre nós e o mal, ao menos na forma como o mal raciocina.

Estar distante de Deus não significa não ter fé, significa não ter mudado o nosso modo de pensar. Primeiro, porque a fé é um dom, e não podemos culpabilizar ninguém por não tê-la. Segundo, porque o que mais conta é exatamente o ponto de vista a partir do qual a pessoa começa a olhar a vida e a julgá-la, tomando suas decisões.

Jesus dirá numa outra passagem do Evangelho: "Se amardes aqueles que vos amam, que mérito tendes? Não fazem o mesmo também os coletores de impostos?" (cf. Mt 5,44-46), propondo uma mentalidade que não é a do homem natural. Nós não raciocinamos desse modo, mas o Evangelho quer incutir em nós uma mentalidade completamente diferente.

Mas é realmente possível que, por um lado, tenhamos informações bíblicas corretas e, por outro, conservemos uma mentalidade perfeitamente humana? Sim.

E como podemos percebermos isso, e o que nos ajuda nessa conversão?

PAIXÃO E POLÊMICA

Antes de falar sobre qual instrumento pode nos ajudar a desmascarar esse mecanismo dentro de nós – esse conflito interior –, e a raciocinar segundo Deus e não segundo os homens, devemos recordar mais uma vez que Jesus vem ao mundo com uma atitude dupla: tem duas características que sabe manter constantemente unidas, e que também nós devemos conservar no nosso modo de ser cristãos.

Em primeiro lugar, Jesus vem ao mundo trazendo uma paixão extraordinária pelas pessoas. Cristo é apaixonado pelas pessoas, pelo seu rosto, pelas suas histórias. Está muito próximo das pessoas e manifesta essa paixão constantemente com o seu original traço de afinidade e de proximidade para com aqueles que mais sofrem no corpo, no espírito, inclusive para com aqueles que se encontram em situações moralmente difíceis. O fato de ser acusado de sentar-se à mesa com os pecadores, de ter como amigos ladrões e prostitutas, significa que a sua posição não é de imparcialidade. Jesus não é neutro, ao contrário, está completamente do lado do povo, certamente não por populismo nem por sentimentalismo. E a segunda atitude de Jesus é a de estar em radical oposição à mentalidade do mundo.

Não podemos jamais separar esses dois aspectos sem cair em uma espécie de heresia prática: se mantivermos somente sua paixão pelas pessoas, mas nos esquecermos de que Jesus está em confronto com a mentalidade do mundo, surge um "bonismo" que não ajuda ninguém, ao contrário, engana. Se mantivermos simplesmente o confronto com a mentalidade do mundo e nos esquecermos da sua paixão pelas pessoas, tornamo-nos iguais aos escribas e fariseus, mas com a licença de cristãos católicos, em que o esquema tem precedência sobre as histórias concretas. Somente mantendo a paixão pelas pessoas e a oposição à mentalidade do mundo unidas é que teremos uma posição correta também em nosso ministério. Jesus, na verdade, consegue manter unidas essas duas coisas sempre, até quando perdoa, quando demonstra misericórdia. Faz isso restabelecendo sempre um princípio de verdade, porque a verdade é importantíssima. É próprio do seu gênio essa habilidade: já citamos o caso da adúltera (cf. Jo 8,1ss), onde Jesus humaniza os acusadores, desarma-os e, assim, salva a vida daquela mulher, sem deixar de restabelecer também um princípio de verdade: "Vai e não peques mais".

É difícil para nós mantermos juntos esses dois aspectos; às vezes, tendemos mais para um ou para outro, mas devemos estar atentos. Aquilo que nos ajuda nisso é a Palavra de Deus.

A PALAVRA DE DEUS

A nossa relação com a Palavra de Deus é essencial, não somente porque ela nos fornece conteúdos e imagens, ou porque é estrutural para o nosso ministério, mas porque é aquilo que serve de espinha dorsal, aquilo que permite que a nossa vida cristã, humana e vocacional cresça de maneira direita, correta.

Quando, em uma experiência de fé cristã, falta um bom relacionamento com a Palavra de Deus, encontramo-nos longe da estrada principal, sem nos darmos conta disso. É a Palavra de Deus que nos reposiciona de maneira certa diante da realidade. Não saberia exprimi-lo melhor do que a Carta aos Hebreus (4,12-13):

> Pois a Palavra de Deus é viva, eficaz e mais penetrante que espada de dois gumes. Penetra até a divisão da alma e do espírito, articulações e medulas, e discerne emoções e pensamentos do coração. Não há criatura que possa esconder-se dele; antes, tudo está nu e descoberto aos olhos daquele a quem devemos prestar contas.

Se a Palavra de Deus tem esse papel, devemos perguntar-nos que relação temos com ela. E nos cabe dizer também que, se é verdade que pode existir uma fé diabólica, correta, mas que não muda o nosso modo de pensar, o demônio pode também ser um ótimo biblista (quando tenta Jesus, por exemplo, o faz citando a Sagrada Escritura). Por isso, não basta ler a Sagrada Escritura, é preciso fazê-lo da maneira correta.

Não podemos dizer que exista uma técnica que nos mantenha em segurança; devemos vigiar constantemente, tanto sobre a nossa fé quanto sobre o nosso apego à Palavra de Deus, segundo o critério que Jesus mesmo nos ensina: "Cada árvore é conhecida por seu fruto" (cf. Lc 6,44).

Por exemplo: Cristo não ousaria jamais falar com uma pessoa para provocar nela um sentimento de culpa. Jamais fez isso em todo o Evangelho. No entanto, quantas vezes pensamos que os sentimentos de culpa que trazemos dentro de nós são frutos do Espírito!

Somente o Acusador usa o sentimentos de culpa. O Espírito usa a contrição, que é uma outra coisa, mas não o sentimento de culpa. Quando a Palavra de Deus aponta o dedo, como faz o Acusador, está sendo usada diabolicamente.

A Palavra de Deus revela, ilumina, faz com que compreendamos as coisas, e até mesmo nos leva a sentir a dor das contradições que vivemos, mas jamais para nos julgar, e sim para nos colocar sempre na condição de nos convertermos. Por isso, devemos, certamente, recuperar a Palavra de Deus – porque, sem ela, a nossa experiência humana e cristã não tem uma espinha dorsal –, mas precisamos recuperá-la de forma que não permaneça externa a nós: devemos interiorizá-la, torná-la parte de nós. Devemos chegar ao ponto de nos assemelhar à Palavra que acolhemos:

> Mas falamos de sabedoria entre os perfeitos; não, porém, uma sabedoria deste século, nem dos chefes deste século, que estão sendo aniquilados, mas falamos da sabedoria de Deus em mistério, a oculta, a qual Deus predeterminou antes dos séculos para nossa glória, a qual nenhum dos chefes deste século conheceu, porque, se tivessem conhecido, não teriam crucificado o Senhor da glória. Mas, como está escrito: *"O que o olho não viu, o ouvido não ouviu, e não atingiu o coração do ser humano, é o que Deus preparou para os que o amam"*. E, a nós, Deus o revelou mediante o Espírito; pois o Espírito perscruta todas as coisas, também as profundezas de Deus. Afinal, quem dentre os seres humanos conhece as coisas do ser humano, senão o espírito do ser humano que está nele? Assim, também as coisas de Deus ninguém conhece, a não ser o Espírito de Deus. De fato, nós não recebemos o espírito do mundo, mas o Espírito que vem de Deus, a fim de que conheçamos as coisas dadas por Deus gratuitamente a nós, sobre as quais também falamos, não com as palavras ensinadas pela sabedoria humana, mas com as ensinadas pelo Espírito, comparando as coisas espirituais às palavras espirituais. Mas o ser humano psíquico não aceita as coisas do Espírito de Deus, já que para ele

> são loucuras, e não é capaz de compreender, porque são julgadas espiritualmente. Mas o espiritual julga todas as coisas, porém ele não é julgado por ninguém. Pois *quem conheceu a mente do Senhor, para poder instruí-lo*? Ora, nós temos a mente de Cristo (1Cor 2,6-16).

Ter *o pensamento de Cristo* não é simplesmente uma questão de conteúdos, mas uma configuração do modo de pensar.

A Palavra de Deus deveria criar dentro de nós a mesma modalidade de pensamento que Cristo tem. Não devemos jamais esquecer, se é verdade o que sempre nos ensinaram, que a *Lectio divina*, a escuta, o aprofundamento, o estudo, nos ajudam certamente a ter uma relação com a Palavra de Deus; mas existe uma ulterior característica, que antecipa tudo, que faz iniciar dentro de nós uma mudança, é a fidelidade a essa mesma Palavra. Fidelidade à Palavra significa que, antes ainda de pregá-la, de estudá-la, de compreendê-la, de interiorizá-la, devemos começar a nos assemelhar à Palavra que acolhemos.

O que produz uma mudança dentro de nós é, de fato, a familiaridade.

Creio e espero que isso esteja na raiz do motivo pelo qual existem obrigações sacedotais, entre as quais a Liturgia das Horas. O Senhor, certamente, não tem necessidade do nosso louvor, e os nossos cânticos não acrescentam nada à sua glória, mas a fidelidade à Liturgia das Horas expressa familiaridade com ele.

Mais importante do que a retidão com a qual rezamos a Liturgia das Horas é a fidelidade a ela. Como também à abundância da Palavra que constitui a nossa vida sacerdotal.

Estamos completamente imersos, todos os dias, em tanta Palavra de Deus: a que recebemos da Liturgia das Horas, da celebração eucarística, dos encontros que preparamos, da nossa oração pessoal, daquilo que lemos. Se existe algo que muda a nossa vida, é essa familiaridade com a Palavra.

A exegese, o estudo, a *Lectio*, se permanecem apenas episódios dentro da nossa vida, não nos ajudam. O que nos faz crescer verdadeiramente é instaurar intimidade com as coisas de Deus.

O que entendemos por intimidade?

Em Jerusalém, Jesus adolescente vive um episódio conhecido por todos como "a perda no Templo". O trecho de Lucas 2,41-50 é dramático: Maria e José perderam Jesus. E eles demonstram uma imensa humildade ao retornar para buscá-lo. Procuram-no por alguns dias, até o encontrarem no Templo, e ficam maravilhados quando viram que Jesus estava interrogando os doutores do Templo.

Por um lado, talvez, exista uma grande satisfação dos pais em relação a esse filho que se mostra tão à vontade com os doutores do Templo, mas, de todo modo, Maria intervém de maneira dura e diz: "Filho, por que agistes assim conosco? Teu pai e eu te procurávamos angustiadamente". Jesus dá uma resposta chocante: "Não sabíeis que eu devo me ocupar dos assuntos do meu pai?". O Evangelho continua dizendo que Jesus crescia em virtude, sabedoria e graça diante de Deus e dos homens, no sentido de que aquela era uma fase do crescimento de Jesus: um tempo de crise, de perda, de incompreensão, até de um diálogo tenso com Maria e com José. O Evangelho nos diz que os pais "não compreenderam o que ele lhes dissera"; e Maria, acrescenta o Evangelho, "guardava tudo isso em seu coração". Existe, na verdade, algo mais importante que entender a Palavra: saber conservá-la.

Nem sempre entendemos tudo o que a Palavra nos quer dizer – por exemplo, a Liturgia das Horas coloca em nossos lábios Salmos de guerra e de combate – e nem sempre nos sentimos em sintonia com ela, mas o Senhor nos pediu para guardar essa Palavra, saber retê-la, deixá-la gerar algo dentro de nós: como Maria, saber guardá-la.

A nossa primeira atitude, antes da *Lectio*, antes da exegese, antes do estudo, deveria ser "guardar a Palavra".

Quando uma pessoa guarda a Palavra, sem perceber, ela começa a fermentar dentro dela, porque é uma palavra viva e humilde, algo que gradualmente vai transformando o nosso modo de pensar e de raciocinar.

Creio que, ao longo da vida, Maria tenha buscado guardar toda Palavra que recebia, mesmo quando não a entendia completamente ou de imediato, permanecendo sempre fiel a ela.

Foi assim desde o início, desde o encontro com a palavra do anjo Gabriel. A sua não foi uma escuta qualquer, mas uma escuta que se fez carne em seu ventre. No Evangelho da Anunciação, Maria consegue dizer apenas frases muito humanas, como: "Como acontecerá isso?" (Lc 1,34). O Evangelho sublinha que: "Ela ficou desconcertada com essa palavra e perguntava-se que tipo de saudação era aquela" (Lc 1,29). Depois pronunciou um "Eis aqui a serva do Senhor!" (Lc 1,38), não diante de algo claro, mas como um ato de confiança em relação a uma Palavra que se apresentava a ela como misteriosa e que produzia nela e ao seu redor muitos problemas.

Quem ajuda Maria a fazer a exegese daquela anúncio? Isabel. É, na verdade, depois de uma viagem que Maria consegue interpretar o que aconteceu com ela e o anjo Gabriel, e é na casa de Isabel, não diante dele, que pronuncia o *Magnificat*.

Desejo dizer que existem momentos em que guardamos a Palavra sem entendê-la, e, então, acontece algo na nossa vida que se torna a exegese daquela Palavra. É o Espírito que faz isso: dá-nos a chave de leitura de algo que conservamos dentro de nós.

Jesus explicou isso a seus discípulos, amedrontados por sua partida definitiva: "O Espírito Santo, que o Pai enviará em meu nome, ele vos ensinará todas as coisas e vos recordará tudo o que eu vos disse" (Jo 14,26).

O nosso primeiro grande trabalho, portanto, não é tanto o de entender. Essa é uma graça que nos vem do Espírito e que acontece quando este decide revelar-nos o significado das coisas. Podemos somente conservar, reter e nos familiarizar com a Palavra.

Nas aparições do Ressucitado, em certo ponto se diz: "Então lhes abriu o entendimento para compreenderem as Escrituras" (cf. Lc 24,44). Isso significa que nós, com todo raciocínio e sabedoria humana, só conseguimos fazer da Palavra uma espécie de autópsia. Podemos parti-la, ver apenas as partes mais sutis das quais é feita uma frase ou uma palavra. Nesse sentido, podemos fazer uma exegese dela, mas o significado subjacente ou é um dom do Espírito ou não o é. Ele não vem dos nossos raciocínios nem da nossa capacidade de análise.

Porém, podemos fazer uma coisa, e fazê-la até o fim: conservar, guardar, reter.

Às vezes, por dez minutos, por meia hora, por uma semana, um mês, ou até por anos o Senhor nos faz reter algo da Palavra de Deus. E, então, quando menos esperamos, ocorre um acontecimento que se torna a exegese daquilo que vivemos, daquilo que havíamos guardado em nosso coração.

SENTIR DIFERENTEMENTE

A segunda coisa que gostaria de dizer é que a gradualidade que a Palavra de Deus gera em nós faz nascer, pouco a pouco, uma sensibilidade diferente: cultivar a Palavra de Deus significa começar a ter uma sensibilidade diferente.

Ao lermos a Palavra de Deus, estamos bastante acostumados a não nos aproximar dela com simples olhos de historiador. Se se quer entender algo sobre a história de Israel, certamente não se deve ler a Bíblia pensando que seja a testemunha mais confiável para uma perfeita reconstrução historiográfica. Os israelitas têm, de fato, uma grande tendência a exagerar a sua história, o que é típico de toda minoria. Todos nós, quando estamos em minoria, tendemos a exagerar para afirmar algo, e assim os números se multiplicam. É uma constante antropológica. Muita vezes, quando falamos de nós mesmos, exageramos, não somos totalmente objetivos. Por isso, não podemos ler a Bíblia pensando que nos dará grandes notícias no âmbito histórico. Lemos uma palavra que nos narra uma história concreta, às vezes até exagerada em alguns pontos, mas onde conseguiremos intuir uma outra história velada, aquela que chamamos de história da salvação.

Vemos uma sucessão de alguns fatos, mas percebemos que, por detrás deles, existem outros, que há uma narrativa diferente, que há uma história diferente. Os próprios personagens envolvidos nela muitas vezes não a compreendem plenamente; muitas vezes só a entendem de forma retrospectiva; precisam relê-la. A capacidade de fazer memória, de recordar, é exatamente esta: reler o que aconteceu e saber intuir que, dentro do que aconteceu, há ainda outra história.

Quem lê a Palavra de Deus desse modo é levado a fazer a mesma coisa com a história da própria existência. A nossa vida é feita de situações que nos acontecem, às vezes decididas por nós, outras vezes decididas por outra pessoa. Certamente, existem, para todos, muitos eventos, uma soma de inúmeras experiências. A Palavra de Deus nos ensina a ler, por trás dos acontecimentos, uma outra história, aquela da salvação. A Palavra de Deus nos ajuda a perceber essa outra história. Também isso é um dom.

VER A LUZ

A Palavra cria solidariedade entre a nossa história e a história que ela mesma narra, e nos faz entender que cada uma de nossas histórias não é simplesmente uma soma de acontecimentos, mas uma narrativa nova, carregada de outro significado.

Lemos a Palavra não somente para entender algo de Deus, mas, na realidade e sobretudo, para entender alguma coisa de nós mesmos.

O salmista havia intuído isso, quando escreveu: "Em tua luz, vemos a luz..." (Sl 36,10); "Tua palavra é uma lamparina para os meus pés e uma luz para minha trilha..." (Sl 119,105).

Não é tão importante conhecer Deus, mas sim aproximar-nos dele e permitir que a sua luz ilumine a nossa escuridão. Aquilo que parece apenas uma soma de acontecimentos, sob a luz da Palavra, revela uma filigrana de salvação.

Creio que isso seja importante não somente em sentido pessoal – cada um de nós precisa dessa luz para reler a própria história –, mas sobretudo para o nosso ministério de testemunho.

O que podemos, de fato, levar para a vida das pessoas? Não soluções, não simplesmente respostas. Nós somos chamados a levar luz para a vida das pessoas, a luz da Palavra.

Educar as pessoas, anunciar-lhes a Palavra, significa restituir-lhes uma experiência que possa iluminar sua existência.

Não importa o quanto nos empenhemos, não conseguiremos fazer milagres para curar todos os doentes que encontrarmos. Provavelmente, nunca curamos ninguém, nunca houve um milagre entre nós. Mas o nosso papel não é fazer milagres, é levar luz a uma determinada experiência. Não a nossa luz ou a das nossas ideias, dos nossos raciocínios. Não devemos esquecer os amigos de Jó, os irritantes amigos de Jó: cada um deles traz uma teodiceia, uma interpretação do mal e do sofrimento. Todos filosofavam sobre o sofrimento de Jó.

Todos são bons com as experiências dos outros. Não somos chamados a fazer isso, e não seremos úteis se, como cristãos, começarmos a fazer como "os amigos de Jó". Nós somos chamados a levar luz para a vida das pessoas, a luz da Palavra, porque a Palavra tem o poder de consolar, de curar, de encorajar, de iluminar, de libertar.

Na *História do peregrino russo*, narrativa famosa que provém da ortodoxia, a um certo ponto conta-se sobre um homem que vivia uma vida dissoluta, que estava possuído pelo mal e que tinha começado a encontrar a libertação lendo o Evangelho: o Evangelho servia-lhe de exorcismo.

A fé vem da escuta (Rm 10,17). Se existe algo que fortifica a fé de uma pessoa é a escuta.

Se a verdade não é simplesmente uma questão de conteúdo ou de informações corretas, mas, antes de tudo, uma questão de mentalidade, se é verdade que quem anda com o coxo aprende a mancar, então só começaremos a ter o pensamento de Cristo se seguirmos a sua Palavra.

Deveríamos romper um tabu que infelizmente está ainda presente no nosso meio: "usamos" a Palavra e a instrumentalizamos, a fragmentamos, a catalogamos, fazendo emergir dela aquilo que talvez nos interesse, mas quase nunca escutamos humildemente o que ela quer dizer-nos.

Ao mesmo tempo, ler a Palavra não pode somente ser um dever. A Palavra deve ser amada. É o amor que faz a diferença, porque ele é criativo.

Se queremos crescer na familiaridade com a Palavra, não basta que nos atenhamos aos nossos deveres - precisa crescer em nós um prazer criativo.

IV
ACOMPANHAR
(OU SOBRE POR QUE UM CEGO NÃO PODE GUIAR OUTRO CEGO)

Devemos aprender a raciocinar segundo o Evangelho, segundo a ótica do Evangelho: dissemos isso no capítulo precedente.

A ótica do Evangelho tem a característica de ser escandalosa em relação aos valores considerados humanos. Dizer a uma pessoa: "Ofereça a outra face" ou "Ama o teu inimigo" contraria a reação natural e humana que cada um de nós tem diante de um adversário, do sofrimento, de uma injustiça sofrida. No entanto, é exatamente isso que o Evangelho nos convida a fazer. O Evangelho nos convida, portanto, a sermos plenamente humanos, mas segundo o projeto que Deus tinha quando criou o mundo.

Diz Paulo, referindo-se a Cristo: "Tudo foi criado por intemédio dele e para ele" (cf. Cl 1,16); também nós fomos feitos para Cristo. Somos a imagem e semelhança de Deus, mas o homem verdadeiro é o homem Cristo. Não um homem qualquer, não o homem ferido pela culpa original. Isso significa que o projeto inicial sobre o nosso ser humano, ferido desde o início na sua raiz mais profunda, nos foi devolvido por Cristo.

Se tivéssemos que exprimir o que é plenamente humano, deveríamos dizer simplesmente: Jesus Cristo.

Quando nos referimos a ele dizendo que é verdadeiro Deus e verdadeiro homem, deveríamos sublinhar que Jesus é o verdadeiro homem.

Ao pensarmos no homem, portanto, devemos pensar em primeiro lugar no *homem Jesus*.

Em nosso vocabulário comum, até mesmo teológico, pensamos na nossa humanidade quase como uma justificação da nossa fraqueza, dos nossos pecados, da nossa fragilidade: mas essa é a humanidade ferida! A humanidade verdadeira é aquela de Cristo, e todos nós, por meio dele, somos reconduzidos àquela imagem. Por meio do Batismo, ele nos conduz a viver numa nova humanidade – uma humanidade que ele mesmo inaugurou com a sua encarnação, Paixão, morte e ressurreição.

A VIDA DA VERDADE EM NÓS

Gostaria, porém, agora de dar um passo adiante: nós temos, escondido dentro de nós, aquilo que chamamos de vida espiritual, a vida do Espírito. Esse é um tema que anda de mãos dadas com o que temos dito: estar em relação com a verdade, de fato, significa estar em relação com a vida do Espírito que está dentro de cada um de nós. Há, em cada pessoa, um verdadeiro ministério (diaconia) em relação à vida do Espírito. Qual é, então, o nosso papel como líderes, fomadores, educadores na vida do Espírito? Enquanto reduzirmos a vida do Espírito a uma série de normas técnicas, acontecimentos, enquanto tentarmos colocá-la em ordem ou catalogá-la, não entenderemos nada do que é na realidade a vida do Espírito.

Se tívessemos que encontrar uma definição simples de vida espiritual, deveríamos dizer que é aquilo que o Espírito faz dentro de cada um de nós.

Tomemos como exemplo o exame de consciência. Estamos acostumados a fazê-lo dizendo o que fizemos, o que não fizemos, o que foi bom ou ruim. O exame de consciência deveria partir, em vez disso, do que o Senhor realizou na nossa jornada.

Será que percebemos o que ele realizou? Somente com base no que ele realizou é que podemos, de fato, comparar a nossa vida e a nossa liberdade.

Se começarmos a julgar a nossa vida a partir de regras e de leis, não estamos fazendo um verdadeiro exame de consciência. Ele deve ser o encontro com a obra que Deus está realizando na nossa vida.

Muitas vezes, não sabemos responder a uma pergunta assim porque talvez nem mesmo percebamos o que o Senhor realizou e operou dentro e fora de nós. Paulo, nos Atos dos Apóstolos, diz: "Com efeito, nele vivemos, nos movemos e existimos... Também nós somos da sua extirpe" (cf. At 17,28).

Quando se pede a uma pessoa que tenha uma atitude espiritual, a característica mais importante só pode ser a *atenção*. Trata-se de uma forma de consciência, uma capacidade de estar concentrado no que está acontecendo, porque a passagem de Deus pela nossa vida é delicadíssima, e Deus usa essa delicadeza especialmente para não perturbar a nossa liberdade, para não a constranger, bem como para impulsionar cada um de nós a fazer a nossa parte. Raramente Deus passa de maneira evidente na vida de uma pessoa – sua passagem é sempre tênue, delicadíssima.

São João da Cruz, quando fala da passagem do Senhor na vida de alguém, compara-a a "perfumes tênues". É preciso saber perceber isso, porque a nossa vida está em sintonia com a verdade somente quando está em sintonia com essa presença do Espírito dentro de nós. Se não encontrarmos uma sintonia com a vida do Espírito, não estaremos vivendo uma vida verdadeira. E uma pessoa que não vive uma vida verdadeira está somente desempenhando um papel, mesmo que o faça involuntariamente. Ela acaba por usar uma máscara sem dar-se conta disso. O maior dom que a vida do Espírito nos dá é a *autenticidade*.

Se normalmente nos sentimos divididos e, ao mesmo tempo, temos a impressão de ser tantas pessoas diferentes quantas são as situações que vivemos, a vida do Espírito que se harmoniza em nós nos devolve a autenticidade e nos torna um só.

Não raramente, noto que a minha maturidade espiritual ainda não se exprime em uma unidade fundamental da minha pessoa e da minha personalidade. Estar de acordo com a vida do Espírito significa recuperar exatamente essa autenticidade fundamental. Isso é importante não somente em vista da nossa santificação, mas também porque só podemos ser úteis aos outros quando experimentamos o que estamos ensinando, transmitindo, testemunhando.

São João da Cruz afirma que a pior coisa que uma pessoa que acompanha espiritualmente pode fazer é dar conselhos baseados apenas no bom senso, porque uma pessoa quc acompanha espiritualmente alguém deve ter a sensibilidade de perceber o que Deus está fazendo na vida daquela pessoa. Não pode basear-se simplesmente em bom senso ou em coisas lidas em livros, diz São João, em conselhos aprendidos teoricamente. Essa atitude pode causar grandes danos às pessoas. Podemos até dizer coisas certas, mas que são inúteis, e, desse modo, acabamos por impedir a ação do Espírito que opera em nós e nas pessoas que nos são confiadas.

ACOMPANHAR ESPIRITUALMENTE

Deveria dar-nos um santo temor assumirmos a responsabilidade de acompanhar espiritualmente uma pessoa. Poderemos perguntar-nos, em primeiro lugar, se somos capazes de fazê-lo. O acompanhamento espiritual não é algo que podemos aprender no fim de um curso, ou porque lemos muito sobre o assunto, ou porque possuímos certo tipo de intuição. É uma tarefa muito delicada, que diz respeito à vida espiritual. É preciso sempre desconfiar muito de quem tende a assumir papéis de paternidade espiritual de maneira muito apressada e simplicista.

É preciso conservar sempre uma grande consciência em relação a esse papel, vigiando atentamente, porque corremos o risco de ferir justamente aquelas pessoas que nos abrem o coração, que nos confiam a parte mais profunda de si mesmas. Nesse ato de entrega confiante, podemos causar feridas profundas e, às vezes, de forma indelével.

Certamente precisamos de pessoas afetivamente equilibradas, psicologicamente sadias, mas nunca devemos confundir vida afetiva com espiritual, nem considerar intercambiável as duas coisas.

Parece-me, por outro lado, que, neste momento histórico, exista uma grande escassez de vida espiritual.

Quando alguém diz: "Vamos falar um pouco de vida espiritual", muitas vezes está referindo-se à vida psicológica.

Mas não podemos resolver as demandas mais profundas da nossa vida espiritual somente por meio da psicologia.

Esses dois campos não podem ser separados de maneira nítida. Temos três níveis de vida: física, psicológica e espiritual. A parte mais profunda de todas é a vida espiritual, que contém as outras duas. Portanto, é certo que, quando uma pessoa vive uma vida espiritual autêntica, isso tem impacto sobre sua vida psicológica e também sobre sua vida física. Não é, porém, igualmente óbvio que o que ocorre na vida psicológica tenha uma consequência na vida espiritual.

Paulo esclarece: "[Cristo] em quem todo edifício bem ajustado cresce" (Ef 2,21). Se a nossa vida espiritual não é ordenada, significa que se reduziu a espiritualismo. Assim, mesmo que uma pessoa esteja pondo ordem em sua vida afetiva, isso cria um tipo de ordem que não necessariamente envolve a vida do Espírito dentro dela.

É como ter consertado a mecânica de um automóvel: isso não diz nada sobre viagem. Pode-se ter um veículo em perfeito funcionamento e não ter nenhuma viagem para fazer. Mas certamente, se quisermos fazer uma viagem, precisamos de um carro que funcione e, por isso, é inevitável mantê-lo em ordem. A relação não é de igualdade: uma está contida na outra.

Se você vive uma autêntica vida espiritual, não pode descuidar da sua dimensão psicológica, afetiva e física. Mas cuidar da própria afetividade não significa, necessariamente, envolver a vida do Espírito que flui dentro de nós.

Os problemas da vida espiritual devem ser abordados de um modo e os de natureza psicológica de outro. Talvez devêssemos encontrar também um modo de as duas coisas dialogarem, sem confiar muito em uma ou na outra, ou, sobretudo, pensar que basta organizar a nossa vida psicológica para resolver todos os problemas. Isso também é uma forma distorcida de entender a espiritualidade contemporânea.

"PSICOLÓGICO" NÃO É SINÔNIMO DE "ESPIRITUAL"

A primeira pergunta que devemos fazer-nos, portanto, é: somos capazes de distinguir dentro de nós o que é psicológico e o que é espiritual?

Quando sentimos algo, conseguimos imediatamente entender se vem de uma ferida nossa ou se é uma moção do Espírito? É aqui que todos tendemos a fazer confusão.

Aconteceu-me o caso de uma boa pessoa, um jovem universitário empenhado, daqueles que se formaram, estudaram, que não são inexperientes. Veio falar comigo e disse: "Acho que o Senhor me fez entrar na noite escura". Pensei: depois de São João da Cruz, finalmente encontrei alguém que está na noite escura, num nível altíssimo da mística, num alto grau de vida espiritual. A vida espiritual é, de fato, uma vida de luz dentro de nós, mas, quanto mais se sobe em direção a essa luz, mais ela nos retira a visão, até imergir-nos em uma profunda escuridão, que é uma espécie de trevas de purificação. Na prática, é o nosso olho interior que se está habituando à Luz e, até que isso aconteça, ele não consegue enxergar.

Mas, voltando a esse jovem, ele me disse: "Sim, me sinto abandonado, desesperado...". Na verdade, isso nada tinha a ver com a noite escura: tratava-se de coisas não resolvidas dentro dele, que lhe faziam viver uma profunda angústia exorcizada com o nome de "noite escura", pensando que fosse o Senhor a fazê-lo passar por tudo isso. Como é difícil, às vezes, perceber o que está acontecendo dentro de nós! Muitas vezes, damos um sentido espiritual a questões que são, na verdade, muito humanas, afetivas e relacionais.

Isso não é algo que entendemos há apenas um século, com o advento da psicanálise, porque basta ler os Padres do Deserto, ou Teresa de Ávila, Inácio de Loyola, João da Cruz, para percebermos o intuito e a introspecção psicológica que eles possuíam em tempos muito distantes dos nossos.

Com o tempo, porém, perdemos a capacidade de nos perguntar se somos capazes de distinguir dentro de nós o que é espiritual e o que é, em vez disso, psicológico-afetivo.

A nossa parte espiritual se exprime também simbolicamente no âmbito das emoções, dos pensamentos, dos afetos, mas, quando começamos a entender como funciona a vida espiritual, percebemos imediatamente que existe nela algo maior do que nós, que vem diretamente do Espírito. O problema é que também o mal age na vida espiritual.

Inácio fala de "Espírito bom" e "Espírito mau". O mal e o bem podem ambos influenciar-nos espiritualmente. Nossa tarefa é aprender a discernir, perceber o que pertence ao Espírito para, depois, também segui-lo.

Acompanhar espiritualmente uma pessoa significa, consequentemente, ajudá-la a perceber o que o Espírito está fazendo dentro dela. Auxiliá-la a entrar na parte mais profunda de si mesma, atravessando também a sua dimensão afetiva e psicológica; acompanhá-la e, às vezes, até direcioná-la a alguém que possa orientá-la. O nosso papel é fundamentalmente recriar a conexão com a vida do Espírito dentro de nós, que muitas vezes é um fogo escondido sob as cinzas. Quando libertamos a vida do Espírito, tudo se renova, tudo se recria.

DESTRUIR AS IMAGENS

Não devemos esquecer, porém, o que o Senhor pede no Livro do Êxodo: dele não devemos fazer imagem alguma (cf. Ex 20,4).

Para nós, de fato, é inevitável criar constantemente imagens de Deus. Movemo-nos quase sempre por imagens. Eis que a vida do Espírito, por um lado, esboça uma imagem e, por outro, a destrói – é sempre algo desestabilizador: cria uma certeza interior, mas nos obriga ao movimento. É a desestabilização de quem está caminhando.

Se pensamos que é suficiente o bom senso ou o que lemos em um livro, enganamo-nos. O Senhor é imprevisível. Somente o mal é previsível, porque é repetitivo, faz sempre as mesmas coisas. Basta olharmos para as nossas confissões: sempre o mesmo mecanismo, como em um circuito construído de um modo que parece impossível sair dele. O mal vive em um círculo.

Também o homem é previsível, e por isso o mal age dentro de nós: porque somos previsíveis. Ele sabe muito bem que pensamos e reagimos de determinado modo. Observa-nos, conhece-nos.

O Senhor, por outro lado, é imprevisível, é mesmo o Deus do inesperado.

Se não somos capazes de perceber a sua ação, justamente no momento em que ele está agindo, nós o perdemos e, consequentemente, perdemos o que está realizando na nossa vida e na nossa alma.

Temos pressa em classificar o que uma pessoa está vivendo, mas quase nunca temos tato para perceber o que o

Senhor está fazendo na vida dela. Talvez, ao ouvir a confissão de Madre Esperança, algum sacerdote tenha pensado: "Há algo errado". Creio que seja a experiência de muitos santos – não invejo quem os acompanhou espiritualmente, não deve ter sido fácil –, mas se vê neles o quanto a graça de Deus operou, até mesmo com os líderes certos.

Em geral, pensamos que uma pessoa que guia alguém já tem as respostas. Não é assim.

Um pai não tem a resposta, um guia não tem a resposta; ele pode ajudar você a buscar a sua, mas não possui todas as respostas. No imaginário de alguém que vai falar com uma autoridade existe a convicção de que ela tenha a resposta que procura, mas não é assim. A resposta às perguntas da nossa vida é obra de Deus, não da nossa inteligência, da nossa lógica, dos nossos raciocínios; ambas as pessoas, quem é guiado e quem guia, estão igualmente na escuta daquilo que o Senhor está dizendo, e uma ajuda a outra a entender a resposta.

Um caríssimo amigo meu, que admiro muito pelo seu trabalho e seus estudos, usa muitas vezes esta imagem quando fala do significado da vida: narra que, em tempos antigos, quando dois senhores queriam trocar entre si mensagens confidenciais, escreviam-nas na nuca de um servo, em um local onde o escravo não pudesse ler a mensagem e fosse apenas o seu portador. O único que podia ler a mensagem era o senhor ao qual devia dirigir-se. O meu amigo comenta: "A parte mais significativa da nossa vida, o sentido do que estamos buscando, está escrito na nuca de cada um de nós. Nenhum de nós é capaz de ler isso sozinho; e, se quisermos entendê-lo, sempre precisaremos de alguém que nos ajude".

Por isso, ninguém pode conduzir-se sozinho, ninguém pode dizer que é autosuficiente, que não tem necessidade dos outros. Foi o Senhor que nos quis assim: profundamente necessitados uns dos outros. E a Igreja se fundamenta nessa necessidade, no fato de que, se alguém não me ajudar a descobrir a verdade sobre mim, eu permanecerei sempre na escuridão. Por outro lado, o outro não pode inventar essa verdade: o que está escrito na minha nuca, ele pode somente ler e ajudar-me a traduzir. O papel do guia espiritual, muitas vezes, é o de decifrar o que na vida de uma pessoa parece indecifrável.

Quem acompanha espiritualmente alguém ajuda nesse processo de tradução; não sabe previamente a resposta e, quando acredita ter uma resposta pronta, na realidade não está mais ajudando, está doutrinando. É preciso desconfiar sempre daquelas pessoas que dizem o que fazer na vida do Espírito, substituindo-se às nossas escolhas.

O SACRAMENTO DA RELAÇÃO ESPIRITUAL

No vínculo espiritual que se cria entre um guia e quem é guiado, entre um pai e um filho, existe uma conexão significativa, quase sacramental: nessa relação tão humana, o Senhor dá uma graça especial, para se tornar compreensível para nós.

Ninguém pode deixar de ser acompanhado, de ser ajudado a interpetrar o que o Senhor está fazendo em seu interior; desse modo, o Senhor nos mostra que essa relação é marcada por uma graça de estado muito especial. Ele a preenche de uma eficácia especial, ao mesmo tempo que a deixa muito humana. Essa relação não depende da frequência com que se fala, é uma questão de qualidade do vínculo. Na verdade, quanto menos um bom guia falar, melhor é. Ele deve simplesmente ajudar a pessoa a "colocar a pontuação no próprio texto". Todos nós carregamos uma narrativa dentro de nós, muitas coisas que nos acontecem: encontrar um guia significa encontrar alguém que nos ajude a colocar vírgula, ponto, interrogação. E, para que serve a pontuação em um texto? Para dar significado ao texto. Sem pontuação, não se entende nada; são somente palavras postas uma ao lado da outra.

A nossa vida, muitas vezes, é caótica porque não tem pontuação. Você conhece uma pessoa que verdadeiramente lhe é útil não quando ela diz como termina o livro, mas quando o ajuda a pôr a pontuação. Ninguém pode dizer o final da história, porque ninguém o conhece. O final da história é entregue sempre, misteriosamente, à nossa liberdade.

A NOVIDADE ESCONDIDA

Para que serve a relação de acompanhamento? Para fazer emergir algo de novo na vida de uma pessoa – uma novidade, algo de inesperado. É sempre muito bom quando alguém percebe o que o Senhor está fazendo na sua vida, porque ele traz sempre uma novidade, algo novo: "Eis que faço novas todas as coisas" (Ap 21,5), diz o Senhor. Isso significa que, se quisermos novidade em nossa existência, devemos voltar-nos à vida espiritual. Não basta, porém, colocar ordem, não basta catalogar, não basta dar um nome, não basta controlar, não basta conter-se, não basta ter um método. Nada disso basta: o que muda a vida de uma pessoa é o encontro com a novidade.

E o encontro com o Espírito é o encontro com uma novidade. Um guia espiritual faz emergir essa novidade no coração da pessoa que lhe foi confiada. Uma novidade que ele mesmo não conhece desde o início e que, pouco a pouco, vai descobrindo junto com aquela pessoa.

É preciso ter em mente sempre o que diz São João da Cruz: "Somente quem exercitou a si mesmo pode ter o tato de fazer isso na vida de outra pessoa". O acompanhamento é uma escolha prática. Se você não fez experiência dele, não pode transmitir nada. As ideias puras, muitas vezes, são idolatrias interiores.

O Senhor não procede jamais por ideias, mas por experiência. Encontrar Cristo não é um percurso de iluminação, não é gnose. O Senhor não nos ilumina com ideias, mas nos leva, de experiência em experiência, a uma compreensão sempre mais profunda. Para usar uma imagem de Santa Teresa d'Ávila, ele nos leva de quarto em quarto, até o centro do castelo.

Às vezes, o Senhor também nos lança no inferno, porque é a única maneira de ajudar aqueles que vivem no inferno. Os mestres espirituais diziam que: "Se existe alguém especialista em ateísmo, são os monges". Eles sabem o que é a ausência de Deus. Muitas vezes, o Senhor mergulha-os na experiência da sua ausência, e esse é o único modo de tirar deles essa capacidade prática de tocar a vida dos outros. A vida espiritual, de fato, é uma arte prática.

O encontro com um pai é o encontro com um significado, com uma resposta, não porque ele a conheça, mas porque a própria resposta vem à tona no encontro. Precisamos encontrar alguém que nos guie, porque é da relação com quem nos guia que emerge uma resposta.

Acontece de confessarmos pessoas que chegam carregando um peso muito grande e nos confiam o relato de sua vida. Muitas vezes, não fazemos nada além de escutá-las: dizemos pouquíssimas palavras. Às vezes, simplesmente acenamos com a cabeça, pois parece que essas pessoas, precisamente nesse ato de entrega, reencontram a chave para o problema. A resposta emerge do encontro.

Nós, sacerdotes, nos colocamos a serviço de um encontro, a fim de que nesse encontro surja a resposta. Quando fugimos de um determinado encontro por não termos a resposta certa, cometemos um erro: porque não nos é exigido ter uma resposta, mas sim permanecer na relação. E isso acontece frequentemente na confissão sacramental.

O VERDADEIRO GUIA

Dentro de nós há o "mestre interior", o Espírito Santo. É ele o verdadeiro guia, o verdadeiro mestre e, por isso, devemos exercitar uma diaconia diante desse mestre interior. Qual é a confusão que muitas vezes fazemos? Confundimos o "mestre interior" com o nosso "superego". Mas o "superego" age como um censor: sim, não; pode, não pode. É muito perigoso quando levamos as pessoas a descobrirem não o "mestre interior", mas o "censor interior". Nesse caso, é preciso estar muito atento, porque a vida espiritual não consiste em ter tudo sob controle. Isso é uma obsessão do superego. Ir ao encontro do Espírito Santo que habita em nós significa, ao contrário, ir ao encontro daquele que nos tira o controle, para ensinar-nos uma forma de liberdade que já não busca a segurança, mas se manifesta como a coragem de ousar.

Há, então, o risco da imagem reflexa: usamos a vida espiritual colocando-nos não em relação com o Espírito, mas com um ideal de nós mesmos que construímos. O "bom padre", pensamos, se comporta desse modo. Eu também tenho em mente como idealmente devo ser, tenho isso dentro de mim e me inspiro constantemente nisso. No entanto, dessa maneira a minha relação não é tanto com o Espírito, mas com a imagem ideal de mim mesmo que criei. Enquanto não renunciarmos à nossa imagem reflexa, à nossa imagem ideal, enquanto não renunciarmos a essa idealização de nós mesmos, jamais acolheremos verdadeiramente a nossa realidade. Precisamos nos acolher como somos, com um realismo profundamente saudável, e renunciar à idealização que, de qualquer forma, nos faz sentir errados, culpados, inadequados, inferiores. A vida espiritual é uma profunda reconciliação com o realismo, com o que somos, com a nossa imperfeição, porque é a declaração do amor de Deus que ama exatamente a nossa imperfeição, a nossa zona de sombra, a nossa ruga, a nossa distorção. A sua declaração de amor, a sua misericórdia consiste não apenas em dizer: "Eu amo você", mas: "Eu amo você na sua miséria".

O OLHAR SOBRE JESUS

No início do Evangelho de João (Jo 1,35s), existe uma cena muito bonita; o protagonista é João Batista (ao menos parece ser, mas logo perceberemos que ele desaparece de cena quase imediatamente): "No dia seguinte, novamente João estava ali com dois de seus discípulos. Tendo visto que Jesus passava, disse: 'Eis o Cordeiro de Deus!'". Se quisermos uma definição do que deve ser um guia, eis aqui: é João Batista. Os discípulos de João vivem sua ligação com Deus por meio da humanidade de João, mas é o olhar fixo de João sobre Cristo que o torna único.

João tem a capacidade de fixar o seu olhar sobre Cristo.

Às vezes, parece que acompanhar, estar ao lado de alguém, significa mantê-la presa a nós, mas essa obra sedutora de reter as pessoas não é, em plenitude, o ministério sacerdotal. A paternidade verdadeira não está jamais em um adjetivo possessivo. E, se as pessoas encontram Cristo por meio da relação conosco, devemos ter a capacidade, antes de tudo, de manter o olhar fixo em Cristo. O nosso modo de falar, de viver, deve então conduzir as pessoas a se desvincularem de nós para seguirem a Cristo: um autêntico acompanhamento espiritual leva as pessoas a serem mais livres, não mais dependentes.

Muitas vezes, libertamos as pessoas de sistemas opressores que elas carregam dentro de si, mas acabamos ligando-as a nós, fazendo com que troquem apenas de patrão. Cristo, ao contrário, "para a liberdade, nos libertou" (cf. Gl 5,1). Portanto, quanto mais alguém cresce na vida do Espírito, mais se torna autônomo. E o vínculo com a pessoa que o acompanhou nesse caminho de liberdade é um vínculo de gratidão, não de dependência.

O AMIGO DO ESPOSO

Quando João se afasta da relação com seus discípulos, eles ouvem justamente aquilo que os "nostálgicos", aqueles que nunca querem mudar nada, tendem a rejeitar: a mudança.

> Houve, então, uma discussão entre os discípulos de João e um judeu a respeito da purificação. Eles vieram a João e lhe disseram: "Rabi, aquele que estava contigo do outro lado do Jordão, a respeito de quem tu tens testemunhado, eis que ele batiza e todos vão até ele". João respondeu: "Ninguém pode atribuir a si coisa alguma, senão o que lhe foi dado pelo céu. Vós mesmos sois testemunhas de que eu disse que não sou eu o Cristo, mas que fui enviado diante dele. Quem tem a noiva é o noivo, mas o amigo do noivo, que também está presente,

ao ouvi-lo, alegra-se por causa da voz do noivo. Então minha alegria está completa" (Jo 3,25-29).

Nós não somos o noivo, não somos os pais, não somos os mestres – somos os amigos do noivo. E, mesmo que alguém se dirija a nós chamando-nos de pai, de guia, permanecemos, de qualquer forma, ligados ao noivo, sempre conscientes de que não somos nós o centro.

As pessoas não estão à nossa procura, mas sim em busca de Jesus Cristo. Se nos procuram, é porque estão buscando e querem encontrar a Cristo. Nós podemos ser, porém, a oportunidade de reacender a nostalgia de segui-lo.

Um sacramento tem sempre uma matéria. A Eucaristia tem como matéria o pão e o vinho, e, nessa história que estamos narrando, a matéria somos nós. Os nossos relacionamentos são a matéria sobre a qual Deus está construindo de forma sacramental sua presença. É bonito pensar em como João imediatamente entendeu tudo isso e disse mais ou menos assim: "Por muito tempo estive aqui entretendo...", exatamente como acontece nas nossas comunidades, quando, antes da chegada dos noivos, os padrinhos parecem ser os festejados. Mas, quando chegam os noivos, eis que cedem o lugar.

Digo provocativamente que seria belo se, em nossas catedrais, o bispo sentasse imediatamente ao lado da cátedra espicopal, deixando simbolicamente livre o lugar, quase como a dizer: esse lugar não é nosso, nenhum de nós pode ocupá-lo. Se um bispo senta naquele lugar, certamente é para um bem, mas deve fazê-lo com a plena consciência da precariedade do seu ministério, recordando: "Neste momento, eu sento aqui, carrego o anel do Esposo, mas sou somente o amigo do Esposo".

Se existe um relativismo que devemos resgatar, é o "relativismo cristão": nós somos sempre relativos a ele, não podemos jamais nos tornar absolutos. Quando nos tornamos absolutos, começamos a possuir a vida das pessoas e, em lugar de salvar, acabamos fazendo-as passar pelas dores do inferno – às vezes, até comunitariamente (poque essa forma de posse podemos exercê-la sobre uma comunidade, sobre uma experiência eclesial, sobre um carisma). Devemos sempre ter a delicadeza de João, que faz tudo o que pode fazer.

Para entender a medida das coisas, é necessário recordar que, na época de Jesus, a pessoa mais popular não era ele, mas João. A estrela que todos buscavam era João, mas este, quando entende que o noivo chegou, sabe afastar-se, sabe sair de cena.

A maior arte de um guia, de um acompanhador espiritual, da paternidade, é saber sair de cena. Se não conseguimos retirar-nos, em algum momento, da vida de uma pessoa ou de uma comunidade, se não aprendemos a pôr um fim a nossa presença, estragamos tudo o que de bom fizemos. Devemos deixar que seja Jesus que possa tomar verdadeiramente o lugar.

Desse trecho evangélico em diante, o protagonista do Quarto Evangelho não será mais João, mas Jesus, e é justo que seja assim. E seria belo se isso acontecesse igualmente conosco, em relação às pessoas: levá-las até o ponto em que o verdadeiro protagonista é o Mestre e, então, sairmos de cena.

Existe, de fato, um momento em que temos necessidade de que alguém esteja presente na nossa vida e nos acompanhe, e outro em que bastam que amigos, de vez em quando, ajudem-nos a colocar a pontuação necessária. De uma e de outra coisa, todos nós precisamos, e sempre precisaremos.

Devemos recordar que as coisas mais interessantes da nossa vida estão escritas na nossa nuca, e sempre precisamos de alguém que nos ajude a lê-las. Mas somente Jesus é o Senhor. Somente ele é o Esposo. Nós somos somente as testemunhas, os amigos do Esposo.

V
RELACIONAMENTOS
(OU SOBRE POR QUE É DIFÍCIL SALVAR-SE SEM AMIGOS)

Gostaria, neste ponto da reflexão, de entrar de maneira mais decisiva no tema dos relacionamentos.

Creio que, neste especial momento histórico, estamos assistindo a uma grande tentação cultural: a de nos fecharmos, de envolver-nos na cultura do indivíduo.

O individualismo é o modo de ser de uma pessoa que busca a resposta somente em si mesma e não em outro lugar, não aceitando a ideia de que, ao contrário, começamos a entender algo de verdadeiro sobre nós somente quando nos colocamos em relação com o outro – e com os outros.

São as relações o lugar da revelação. Basta ler a Palavra de Deus para perceber que tudo acontece por meio dos encontros. Por exemplo, se Deus não tivesse dirigido a palavra a Abraão, não teria existido nenhuma história de salvação, ao menos do ponto de vista consciente do ser humano.

A comunicação se constrói por meio de relacionamentos, de trocas. Mas, muitas vezes, interpretamos o próprio Jesus, em sua humanidade, mais como um indivíduo do que como uma pessoa, esquecendo-nos de que o Verbo, para "fazer-se carne", precisou de um relacionamento concreto: o de Maria e José. Para encarnar-se, Deus escolheu esse lugar de relacionamentos que é a família. Ele cresceu em um contexto relacional, e toda a sua vida, incluindo a sua vida pública, se desenrolou em uma série de interações humanas.

A própria Igreja é imagem, prolongamento daqueles vínculos que Jesus quis, quase como se dissesse que nenhum de nós pode compreender o Evangelho sem uma comunidade. Nenhum de nós pode compreender o Evangelho sem o círculo de relacionamentos que Jesus vem criar. Na verdade, ele mesmo reúne doze pessoas muito diferentes entre si: é nesse emaranhado que anuncia o Evangelho, e somente aí se consegue compreendê-lo.

Comecemos a aplicar esse conceito à nossa vida, e nos daremos conta de que, se quisermos encontrar as respostas, o verdadeiro lugar onde também nós devemos buscá-las é nas nossas relações.

TER NECESSIDADE DA IGREJA

Quando falamos da nossa vocação, por exemplo, corremos o risco de pensar nela somente de maneira individual: concentramo-nos somente sobre o que nós devemos dar aos outros, e não nos damos conta de que a vocação, o ministério, só se sustentam porque existe um emaranhado de relacionamentos que nos amparam. Todos precisamos da Igreja, não entendida simplesmente como estrutura exclusivamente canônica, mas como uma Igreja de relações, de certo modo sacramentais. Na verdade, é a Igreja que mais nos lembra Cristo e nos remete a ele. É difícil, por exemplo, viver o celibato se não se tem um entrelaçamento relacional saudável que nos faça permanecer estáveis, porque a escolha do celibato – que é um sinal e conserva o valor de sinal – é uma provocação à mentalidade do mundo, vai contra a nossa própria natureza, que é exatamente o contrário. Nenhum de nós pode ser celibatário e permanecer plenamente humano sem algo que lhe garanta essa humanidade. Diferentemente, mesmo uma escolha louvável como a do celibato pode fracassar e causar sérios problemas.

Moisés, depois de conduzir Israel para fora do Egito, tem sobre seus ombros a grande responsabilidade pelo povo e, graças a Deus, tem a seu lado pessoas que verdadeiramente o amam, como Aarão e Maria. No entanto, nem sempre essas pessoas lhe dizem as coisas certas, mas certamente o ajudam em sua missão.

Existe, pois, uma relação de amizade muito bonita de Moisés com Jetro, seu sogro; e, justamente pela franqueza da amizade deles, a uma certa altura Jetro diz: "A coisa que tu fazes não é boa... É pesada demais para ti... Elegerás de todo o povo homens capazes, tementes a Deus, homens fidedignos que odeiam avareza, julgarão o povo em todo o tempo" (cf. Ex 18,13-27). Os juízes nascem, então, exatamente do fato de Jetro cuidar de Moisés. E Moisés se deixa aconselhar por Jetro porque a tentação de quem tem responsabilidade é de dizer: "Eu não preciso de ninguém, muito menos dos conselhos dos outros". No entanto, mesmo que sejamos como Moisés, continuamos sendo humanos e temos necessidade de alguém que repare em nós, nas nossas necessidades, no nosso cansaço, no nosso peso, e nos diga palavras que humanizem a nossa vida.

A VERDADEIRA HUMILDADE

A própria questão da humildade se manifesta exatamente nisso: não numa atitude vitimista ou piedosa, mas na capacidade de se deixar amar.

As pessoas humildes se deixam amar. Para quem tem uma função de liderança, isso é muito difícil, porque muitas vezes as nossas relações com os outros não são de igualdade, e, às vezes, isso é até compreensível: se o nosso papel é educativo, de fato, não podemos colocar-nos em pé de igualdade com as pessoas que devemos formar. Mas precisamos ao menos de alguns relacionamentos em pé de igualdade, porque também precisamos de alguém que cuide de nós.

Devemos ter a humildade de aceitar que alguém se ocupe de nós, que alguém nos ame. Citamos o exemplo de

Moisés e Jetro, mas existem outros exemplos belíssimos na Bíblia: Davi e Jônatas, Rute e Noemi. No Novo Testamento: Marta, Maria e Lázaro.

Em todas as histórias da Bíblia, as coisas boas e as coisas ruins acontecem sempre em meio aos relacionamentos. Pensemos no fracasso dos dois irmãos, Caim e Abel: é uma relação em que está em jogo o fracasso. Ou no perdão que José reserva a seus irmãos: é uma relação em que está em jogo a misericórdia. Caim tem um problema que não resolve consigo mesmo, mas no relacionamento com o irmão: ele o resolverá a seu modo, dramaticamente, matando.

Na escolha individualista, a pessoa pensa que deve resolver sempre os problemas sozinha: analisar, encontrar a solução, sair da situação por conta própria... Mas, na verdade, é quase sempre outra pessoa que nos tira dessa situação; é sempre em um relacionamento que experimentamos um êxodo. O próprio Caim, após ter cometido o crime contra o irmão, carrega consigo uma delicadeza muito particular da parte de Deus que, por um lado, reconhece as consequências da sua ação, mas, por outro, proíbe que ele seja morto: "Ninguém pode matar Caim" (cf. Gn 4,15).

Mesmo quando alguém rompe violentamente uma relação, Deus impõe novas condições de relacionamento. Toda a Bíblia é atravessada por essas histórias, e Jesus mesmo se faz necessitado de pessoas que cuidem dele, deixa-se amar:

entrando na casa de outras pessoas e comendo com elas, aceita algo vindo dos outros.

Esse é um traço de humanidade que, às vezes, esquecemos, mas nossa eficácia, nossa credibilidade como ministros, como líderes, provém sobretudo da realidade relacional.

PEDRO, TIAGO E JOÃO

A partir disso, gostaria agora de oferecer uma provocação, recordando que, no círculo de amizade de Jesus, os relacionamentos não são jamais neutros.

Ele não é equidistante de todos os discípulos. Tem, por exemplo, uma relação preferencial com João, "o discípulo que ele amava", como esse último se define no Quarto Evangelho (13,23 e em outras passagens bíblicas).

Analisemos, porém, agora as três figuras: Pedro, Tiago e João.

A narrativa evangélica, ao menos em três grandes ocasiões, coloca-os juntos: "Tomou consigo, Pedro, Tiago e João" (Lc 8,49-56; Mt 17,1-13; 26,36-46).

Por que exatamente eles? É um mistério que muitas vezes busquei abordar, estudar, encontrando, porém, somente tentativas de explicar algo que permanece profundamente misterioso: existe, na verdade, algo na escolha relacional que foge à razão. Por mais que se queira calcular uma amizade, ela é tal justamente porque foge ao cálculo, à lógica. Nas escolhas relacionais não existe necessariamente uma motivação evidente. Existem coisas que nos tornam muito próximos, que criam proximidade entre nós, que nos tornam semelhantes em alguns assuntos, em alguns temas. Existem coisas que entendemos do mesmo modo, que criam sintonia, afinidade eletiva entre nós, mas há também uma grande porção de mistério. E não devemos jamais falar mal dos nossos laços: não é um coisa ruim sentir-se unido a alguém. É isso que nos torna humanos: temos necessidade de relacionamentos, não de alguém que nos mantenha sob controle, encurralado, mas de amizades. É ali que acontece o melhor da nossa vida.

Jesus tinha um vínculo especial com Pedro, Tiago e João, e, observando essas três personalidades, nos damos conta de quanto eram diferentes entre si: em caráter, história, piedade, formação, sensibilidade.

A impetuosidade de Pedro, a sua força de caráter, a sua liderança contrastam um pouco com a personalidade de Tiago, que parece ser mais calmo, mais confiável. Se o dossiê de Pedro tivesse ido parar no Dicastério para os Bispos, nunca o teriam feito bispo, ele não teria passado nas investigações. Mas é precisamente a Pedro que Jesus confia o ministério de ser a rocha sobre a qual fundar a Igreja. É sempre muito misterioso como Jesus faz suas escolhas.

Depois tem João, que sempre imaginamos como o contemplativo do grupo: a predileção que tem por Jesus leva o seu relacionamento com ele a um nível muito mais profundo e íntimo. É ele quem apoia a cabeça no peito do Mestre. Por outro lado, as pessoas mais contemplativas, as pessoas que têm uma relação mais íntima com Cristo, são também as mais fundamentalistas, e João é exatamente assim! Ao passarem pela aldeia dos samaritanos que não querem receber Jesus e seus seguidores, João diz: "Senhor, queres que mandemos descer fogo do céu para consumi-los?" (cf. Lc 9,54): é a mentalidade fundamentalista típica de pessoas que experimentam um apego profundo a alguém, até mesmo a Cristo. Jesus precisa moderar esse impulso, e por isso o repreende.

Em suma, todos esses três apóstolos têm características positivas e defeitos acentuados. Por outro lado, Jesus não os escolheu pela sua santidade de vida, mas pelo que nem eles mesmos veem em si mesmos. É Cristo quem mantém Pedro, Tiago e João unidos; não encontramos outra motivação para essa união, senão o próprio Jesus.

VIDA, LUZ E TREVAS

Procuremos agora analisar especificamente os três casos em que Jesus mantém perto de si Pedro, Tiago e João. São os episódios da ressurreição da filha de Jairo (Lc 8,49-56), da transfiguração (Mt 17,1-13) e do Getsêmani (Mt 26,36-46).

Em primeiro lugar, a história da ressurreição da filha de Jairo, um texto complexo porque é composto de dois acontecimentos entrelaçados: o de Jairo e o de uma hemorroíssa.

Jairo, desesperado, vai até Jesus para pedir que intervenha para curar sua filha. Jesus dirige-se à casa dele, enquanto uma mulher abre espaço no meio da multidão e o toca, com uma fé muito particular, a de quem quer ser curada, porque até ali ninguém mais conseguira fazê-lo. E acontece exatamente isso: essa mulher recebe a cura. Mas Jesus não se contenta apenas com isso, ele a procura no meio da multidão, porque quer olhá-la nos olhos. Podemos observar também aqui a sua grande diferença relacional: a maioria das pessoas procura a graça de Jesus, mas não ele; a maioria das pessoas não busca um relacionamento pessoal com Cristo, mas apenas deseja algo dele. Essa mulher quer ser curada e, quando recebe a cura, pensa que seu problema está resolvido. Ela foi curada da doença que a afligia havia doze anos, não sofre mais fisicamente. Porém isso não é suficiente para Jesus: ele começa a procurá-la no meio da multidão porque quer dizer a essa mulher que há algo mais importante do que a cura que ela recebeu. Ele mesmo é o mais importante. Ele a procura para olhá-la nos olhos, para estabelecer uma relação com ela, quase como se dissesse: se ainda não entendeu que o sofrimento que viveu é precioso, porque a levou a me conhecer pessoalmente, então você não entendeu nada; é muito pouco estar satisfeita apenas em tocar a orla do meu manto.

Mas todos nós somos cristãos da "orla do manto": contentamo-nos com a graça de Cristo sem encontrá-lo pessoalmente; buscamos sua graça, mas quase nunca a sua pessoa. Uma graça pode curar-nos, consolar-nos, encorajar-nos, fazer milagres, mas o que nos salva é o encontro com o rosto de Cristo. Por isso, só depois de ter conhecido pessoalmente a mulher, Jesus segue adiante, mas não sem dizer: "A tua fé te salvou". Essa mulher precisava de um relacionamento pessoal com Cristo, e toda a nossa jornada cristã nada mais é do que isso.

É interessante o que diz a Oração Eucarística IV: "Não vivemos para nós mesmos, mas para aquele que morreu e ressuscitou por nós": a primeira coisa que Cristo faz é não nos deixar viver mais para nós mesmos. Quando deixamos de viver centrados em nós mesmos, é porque entendemos que não somos suficientes por conta própria. Passamos, então, a procurar algo fora de nós, e é aí que começa toda relação.

Nós procuramos a graça de Cristo porque, dentro de nós, só encontramos desgraça. É no encontro pessoal com ele que o nosso Cristianismo se torna o Cristianismo de Cristo.

O encontro com a hemorroíssa faz com que Jesus perca tempo no caminho para a casa de Jairo, e, nesse meio-tempo, sua filha morre. Dentro de uma lógica empresarial, é plausível que haja perdas, não se pode salvar a todos. Mas, quando os servos vão ao encontro de Jairo e lhe dizem para não incomodar mais o Mestre, porque sua filha já falecera, mais uma vez Jesus estabelece uma profunda relação pessoal: "Jesus voltou-se para Jairo e disse-lhe: 'Continue a ter fé' – e caminharam em direção a casa", onde todos choravam, já quase celebrando o funeral. Jesus não permite que ninguém o siga, exceto os pais da menina e, com eles, Pedro, Tiago e João. Naquela casa, naquela sala, acontece algo a que os três discípulos só conseguem assistir, observar, guardar na memória.

Nesse dia, eles presenciam uma experiência cujo significado não compreendem plenamente: a manifestação do poder de Cristo, um poder que é capaz de ressuscitar uma menina. É uma experiência que lhes deixará uma marca profunda, mesmo que não saibam explicar o que significa testemunhar o poder de Cristo.

O segundo caso é o da transfiguração no Monte Tabor. Talvez não fosse a primeira vez que Jesus levava esses amigos para um passeio, para que pudessem dedicar algum tempo a si mesmos. Nessa montanha, a certa altura, acontece o que, de forma embaraçosa, o Evangelho não consegue descrever senão como uma experiência de luz profunda, ligada às vestes de Cristo: é a tentativa, inteiramente humana, de explicar coisas que não se consegue dizer. Jesus mostra-se na sua verdadeira divindade, e os amigos testemunham algo que não conseguem traduzir em palavras. Essa experiência de luz é tão forte que eles se sentem oprimidos pelo sono e adormecem. Não é algo trivial, pois o sono representa a nossa incapacidade de nos posicionarmos diante das grandes coisas da vida, sejam elas boas ou ruins. Até Dante, nos momentos mais cruciais da *Divina Comédia*, afirma: "E caí como cai um cadáver" (Inf. V, 141): há coisas que não podemos suportar, que não podem ser contadas pela sua inefabilidade.

No Monte Tabor, os discípulos têm uma experiência de luz profunda – uma linguagem diferente de tudo que já tinham visto. Ali veem revelada a divindade de Cristo.

Se relacionássemos a transfiguração com a Paixão de Cristo, teríamos que dizer que Cristo faz com que esses discípulos tomem um banho de luz, porque é a única maneira de prepará-los para passar pelas trevas que terão que experimentar durante a Paixão. Essa memória de luz deverá salvar suas vidas. Mas, naquele momento, eles não compreendem o significado da experiência do Tabor.

O terceiro e último caso é o do Getsêmani: Jesus entra na angústia mais terrível da sua existência, na sua agonia, que é a luta com a ideia da morte, ou melhor, com a possibilidade da morte. É a aceitação de um destino que, por um lado, ele escolhe e, por outro, humanamente recusa: "O espírito está pronto, mas a carne é fraca" (Mt 26,41). O Evangelho não esconde a tremenda angústia de Jesus, que o leva até a suar sangue – uma manifestação muito rara em que a tensão interna faz romper os capilares, enquanto o sangue se mistura ao suor. Se no Tabor Jesus se tinha mostrado verdadeiramente Deus, no Getsêmani ele se revela verdadeiramente homem.

Pedro, Tiago e João terão compreendido por que Jesus os fez assistir à experiência da sua agonia com aquela intimidade e sem qualquer pudor? Acredito que, se pudessem evitá-la, teriam preferido, porque ninguém gostaria de ver Jesus naquelas condições.

Essas três experiências serão importantes na vida de Pedro, Tiago e João. São amigos que, a certa altura, no relacionamento entre si e com Jesus, encontraram uma chave que iluminou o sentido da sua vida. Depois dos acontecimentos de Pentecostes e da partida de todos, seus caminhos se separam: cada um segue por uma direção e morrerão longe um do outro. Apesar da distância geográfica, o elo entre eles resiste, como um vínculo profundo que os mantém unidos, apesar de fisicamente separados.

PEDRO E A VIDA

Para compreendermos como o relacionamento com Jesus mudou a vida deles, ajuda-nos um trecho dos Atos dos Apóstolos (At 9,36-43):

> Em Jope havia certa discípula chamada Tabita, que, traduzido, significa Gazela. Ela era plena das boas ações e esmolas que fazia. Ora, naqueles dias, ela ficou doente e morreu. Depois de a lavarem, puseram-na na sala superior. Como Lida ficasse perto de Jope, os discípulos, tendo ouvido que Pedro estava lá, enviaram-lhe dois homens, rogando: "Não demores em vir até nós!" Pedro se levantou e foi com eles. Tendo chegado, conduziram-no à sala superior. Todas as viúvas se aproximaram dele chorando e mostrando as túnicas e os mantos que Gazela havia feito quando estava com elas. Pedro, tendo feito todos saírem, pôs-se de joelhos e rezou. Voltou-se para o corpo e disse: "Tabita levanta-te!" Ela abriu seus olhos e, tendo visto Pedro, sentou-se. Ele deu-lhe a mão levantou-a e, tendo chamado os santos e as viúvas, apresentou-a viva. Isso se tornou conhecido em toda Jope, e muitos creram no Senhor. Pedro ficou bastante tempo em Jope, na casa de certo Simão, curtidor.

Narra-se aqui uma situação que se assemelha muito àquela da ressurreição da filha de Jairo. É o episódio de Tabita: se Pedro consegue agir diante do que está acontecendo naquele instante, é porque guarda na memória o que aconteceu na casa de Jairo. Como Jesus o preparou por meio daquela experiência de relação e amizade, agora Pedro sabe o que fazer. É a confirmação de que, na experiência relacional, encontramos, às vezes, a chave para responder aos desafios que a realidade nos apresenta.

TIAGO E AS TREVAS

E eis um outro exemplo. Todos os apóstolos, com exceção de João, sofreram uma morte cruenta; Tiago especialmente. Os dois versículos dos Atos Apóstolos 12,1-2 dizem somente que "morreu pela espada": "Naquele tempo, o rei Herodes lançou as mãos sobre alguns membros da igreja para maltratá-los. Mandou matar *à* espada Tiago, irmão de João".

O que Tiago teria feito para enfrentar o martírio? O que pensou naquelas horas em que entendeu que, para ele, estava tudo acabado e que seu julgamento não seria como o dos outros? O que o teria posicionado significativamente diante do medo de morrer, senão a memória do Getsêmani?

Se o Evangelho nos fala do Getsêmani, é porque nenhum de nós deve envergonhar-se da própria angústia e do próprio medo. Os amigos de Jesus viram o medo e a angústia de seu Mestre, e é precisamente a memória desse acontecimento que ficou gravada dentro deles – dentro de Tiago, presumivelmente; algo que, acredito, o ajudou a viver a experiência do martírio. Viver o escândalo de não querer morrer e, ainda assim, saber que não existe outra escolha senão permanecer fiel àquilo que se acredita, àquilo que se considera verdade.

Tiago certamente se recordou do modo como Jesus viveu o seu conflito, não com heroísmo, mas com aceitação do que estava próximo de lhe ocorrer. Não resistindo, mas abrindo espaço para a luta e rezando com medo: "Eu não quero, mas, se tu quiseres, façamos o que tu dizes". Acredito que essa foi uma chave de compreensão muito preciosa para Tiago diante da experiência do seu próprio martírio.

JOÃO E A LUZ

Por fim, João é o autor do Apocalipse, um livro de grande complexidade, feito de visões, de experiências extremas e de uma espécie de alfabeto místico. Pois bem, talvez João possa suportar e reproduzir por escrito a experiência das visões do Apocalipse exatamente graças à memória da transfiguração do Tabor.

A minha intenção é simplesmente dizer que, às vezes, por meio de nossos relacionamentos de amizade, estamos sendo preparados para enfrentar o que a realidade nos levará a viver.

Se nos afastamos dos relacionamentos, se nos retiramos do circuito relacional, quando nos depararmos com os grandes desafios da vida não teremos para quem olhar, o que recordar, uma experiência que nos possa ajudar: é a memória de algumas experiências muito concretas que vivemos que pode salvar a nossa vida. É a memória de alguém, a lembrança do relacionamento com alguém, que pode salvar a nossa vida em um momento muito específico da nossa existência.

Devemos sempre cultivar a capacidade de fazer uma leitura abrangente da nossa vida e perceber que o que está acontecendo em um determinado momento poderá tornar-se claro apenas daqui a vinte anos, desde que tenhamos a capacidade de acolhê-lo no hoje.

MARTA, MARIA E LÁZARO

A essa leitura da experiência de amizade de Pedro, Tiago e João, gostaria de acrescentar a de outros três amigos presentes no Evangelho: Marta, Maria e Lázaro. Também nesse caso nos deparamos com três personalidades muito diferentes: Marta é a mulher do fazer. Sempre falamos mal de Marta, mas devemos parar, pois fazer, por si só, não é algo ruim, e, se traz consigo uma necessidade de conversão, o mesmo vale para Maria. Lázaro também precisa de conversão.

A característica de Marta é a sua praticidade, que, em certo ponto, a faz entrar num ciclo do qual não consegue mais escapar: a ponto de perder o essencial. A capacidade de escuta de Maria, por outro lado, elogiada por Jesus, é típica de personagens sensíveis. No entanto, eles são particularmente propensos à depressão. A prova é que, quando morre o seu irmão Lázaro, Maria fecha-se em casa, enquanto Marta vai ao encontro de Jesus. Maria fechou-se naquela dor típica de quem tem uma grande interioridade, mas permanece refém dela, chegando à paranoia. Assim, Maria também deve se converter – e todos os três, a seu modo, encontram um modo de se converter.

Poucas horas antes do início da Paixão, Marta, Maria e Lázaro oferecem um jantar em honra a Jesus, a famosa unção de Betânia (Jo 12,1-11):

> Seis dias antes da Páscoa, Jesus foi a Betânia, onde estava Lázaro, que ele ressuscitara dos mortos. Fizeram-lhe ali uma ceia. Marta servia, e Lázaro era um dos que estavam reclinados à mesa com ele. Então Maria, tendo tomado uma libra de perfume de nardo puro, de elevado preço, ungiu os pés de Jesus e os enxugou com seus cabelos, e a casa ficou repleta do perfume. Judas Iscariotes, um de seus discípulos, aquele que estava para entregá-lo disse: "Por que este perfume não foi vendido por trezentos denários e dado aos pobres?" Ele, porém,

> disse isso não porque se preocupasse com os pobres, mas porque era ladrão e, tendo a bolsa comum, pegava para si o que ali era posto. Disse, então Jesus: "Deixai-a! Que ela o guarde para o dia de meu sepultamento! Pois os pobres sempre tendes convosco; a mim, porém, não tendes sempre". Grande multidão dos judeus ficou sabendo que Jesus estava ali e veio, não somente por causa dele, mas também para ver Lázaro, que ele ressuscitara dos mortos. Os sumos sacerdotes, porém, decidiram matar também Lázaro, porque muitos dentre os judeus, por causa dele, passavam a crer em Jesus.

Esse jantar teve uma importância simbólica. Marta, Maria e Lázaro não eram ingênuos; mesmo percebendo um clima hostil em relação a Cristo, assumem declaradamente a amizade com ele. De alguma forma, será por causa desse jantar que os acontecimentos da Paixão sofrerão uma espécie de aceleração. O que, de fato, convence os judeus a condenar Jesus à morte? A ressurreição de Lázaro. Por ter devolvido a vida a Lázaro, condenam Jesus à morte. E fazem-no porque naquele jantar há uma procissão contínua que leva as pessoas a irem à casa dos três irmãos para verem Lázaro, o morto ressuscitado.

Quando Jesus diz: "Ninguém tem maior amor do que aquele que dá sua vida em favor dos amigos" (Jo 15,13), ele não pronuncia uma frase abstrata, mas refere-se a uma situação muito concreta. O nome específico por quem ele dá a vida é Lázaro. Os judeus também acabarão convencendo-se de matar Lázaro, e não sabemos se, no final, isso realmente aconteceu.

É um jantar em que cada um, Marta, Maria e Lázaro, passa por uma forma de conversão. "Marta servia", diz o Evangelho, o que indica que sua ação está finalmente ordenada a Cristo: ela não faz coisas por Cristo a ponto de perdê-lo de vista, mas realiza seu serviço voltada para Jesus, que está sentado à mesa. Lázaro, que é uma figura quase passiva ao longo da história, assume um papel de liderança em sua presença à mesa. Finalmente, Maria, uma mulher que talvez também tivesse uma certa timidez e sensibilidade introspectiva, a certa altura rouba a cena ao quebrar o vaso de alabastro e derramar perfume aos pés de Jesus. Talvez lhe fosse inimaginável fazer um gesto tão íntimo diante de todos, mas ela precisa converter a sua contemplação, precisa realizar, por sua vez, um êxodo.

Marta, com sua ação; Maria, com sua contemplação; Lázaro, com seu não protagonismo – todos se convertem sem, contudo, perderem as suas características pessoais: sem que Marta finja ser Maria, ou Maria finja ser Lázaro, ou Lázaro finja ser Marta. Converter-se, de fato, não significa tornar-se diferente do que se é.

O lobo de Gubbio, quando Francisco fala com ele e o converte, não se torna um cordeiro. Um lobo convertido continua sendo um lobo. Mantemos sempre as nossas características: se somos mais inclinados à ação, a conversão não exige que finjamos ser contemplativos, mas que convertamos a nossa capacidade de agir, redirecionando-a de forma saudável. Precisamos parar de fingir ser o que não somos, não devemos tentar parecer outra pessoa. Nós somos o que somos.

Se estou mais inclinado à oração e à contemplação, não preciso ser prático à força; preciso converter a minha contemplação, preciso arrancá-la da paranoia.

Se tendo sempre a ter uma atitude não protagonista e irresponsável, devo converter-me encontrando o meu verdadeiro lugar, não fingindo ser outra pessoa.

A verdadeira amizade nos permite ser sempre nós mesmos, mas também introduz em nós uma conversão. A amizade é uma forma por meio da qual nos é dito: "Você deve continuar sendo você mesmo, mas, ao mesmo tempo, deve se tornar muito mais". Marta, no final da história, é mais Marta, e Maria é mais Maria, e Lázaro é mais Lázaro. É como se tivessem recuperado uma santidade em cada uma de suas características. Nunca devemos pensar que nossos relacionamentos devem nos forçar a ser pessoas diferentes daquilo que somos. As verdadeiras relações nos fazem nos tornar mais nós mesmos. E a Igreja é, para cada um de nós, uma oportunidade de fazer isso.

Na verdade, não acho que Paulo, depois da conversão, tenha se tornado uma pessoa diferente do que era antes. Ele preservou seu caráter combativo e zeloso original, de Saulo a Paulo. Essa característica fundamental permaneceu.

Quando restabelecemos vínculos relacionais saudáveis, percebemos que podemos ser profundamente nós mesmos, mas também muito melhores do que somos, porque nos tornamos plenamente nós.

O DOM DA AMIZADE VERDADEIRA

Como se faz para encontrar relacionamentos desse tipo? Aqui estamos na óptica do dom. Certas coisas podem não só ser recebidas, mas também pedidas. Devemos abrir espaço dentro de nós para a necessidade: "Senhor, preciso de uma amizade, preciso de alguém que acolha a minha ação e a converta, alguém que abrace a minha interioridade e a transforme, alguém que pegue o meu impulso de fugir e o redirecione, alguém que me ajude a estar à altura do que estou vivendo neste instante". São os amigos – e a memória dos amigos – que nos ajudam a fazer isso. Se limitássemos a ajuda de Deus simplesmente ao que está escrito na Palavra, também correríamos o risco de reduzi-lo a um instrumento teórico, externo, que apenas nos indica a solução. Às vezes, precisamos de experiências humanas que iluminem outras experiências humanas.

Quando dizemos que nenhum ministério pode se sustentar sem relações, referimo-nos ao fato de que, muitas vezes, aquilo que dá luz ao ministério se encontra em experiências muito concretas de relacionamentos. Trata-se de uma relação mútua que se estabelece entre diferentes realidades.

O que realmente precisa desaparecer é o individualismo – essa solidão entendida como isolamento, e a tentação de acreditar que devemos ser apenas aqueles que oferecem. Achamos que isso é santidade, mas, na verdade, é uma forma de orgulho disfarçado de humildade. A maior humildade é reconhecer que também precisamos de alguém que nos acolha, que nos escute, que cuide de nós, que nos faça ser plenamente nós mesmos, que nos ajude a ser melhores do que somos, a ser a forma melhorada de nós mesmos.

Muitos de nossos amigos, com os quais partilhamos apenas as coisas mais superficiais, acabam se afastando porque não aceitamos uma relação suficientemente profunda, a ponto de dizermos mutamente a verdade, ajudando-nos a recuperar o controle de nós mesmos, a nos aceitarmos e a evoluirmos.

Os amigos verdadeiros, não os "companheiros de lanche", despertam o melhor em nós. Não por acaso, Jesus, no Evangelho de João, faz duas mudanças ontológicas: a primeira é a eucarística (na Última Ceia e depois no sacrifício da cruz) e, a segunda, quando diz: "Já não vos chamo, servos, mas vos chamo amigos" (cf. Jo 15,15): é precisamente nessa passagem relacional que ocorre uma transformação. Enquanto não nos tornarmos amigos dessa forma, o Cristianismo não se realizou verdadeiramente dentro de nós. Se não estivermos dispostos a fazer uma revolução relacional, teremos limitado a graça em nós.

Paulo teria traduzido esse conceito assim: "Quem são os servos? Servos são aqueles que estão sob a lei, amigos são aqueles que entendem que estão sob a graça; já não estamos sob o domínio da lei" (cf. Rm 6,14ss.). Não somos mais simplesmente executores, as nossas relações não são mais geridas por regras, mas sim são encontros entre pessoas, e esses encontros são regulados pela graça de Deus. Ali experimentamos a graça que salva.

João indica como anticristo aquele que diz que Jesus não veio na carne (cf. 1Jo 4,2). A tese do anticristo é a de um Jesus *desencarnado*. Quando ignoramos os relacionamentos, o Jesus que nos resta é o Jesus do anticristo. É um Jesus sem carne.

"Se alguém disser: 'Eu amo a Deus', mas odiar o seu irmão" – diz João – "*é um mentiroso e a Verdade não está nele*" (cf. 1Jo 4,20). Onde está a carne de Cristo hoje? Onde está a extensão de sua humanidade? Olhemos em volta: está na humanidade que nos circunda.

Se quisermos nos apegar a Cristo, ao verdadeiro Cristo, e não ao anticristo, precisamos também assumir a carne. Trata-se do vasto mundo das relações, que não é algo teórico dentro da nossa mente, mas sim uma experiência.

A amizade é uma experiência. Mas a fé também é uma experiência. E assim também é a verdade. Se aquilo em que acreditamos não for visível, não nos serve de nada. Talvez devêssemos também reumanizar o nosso sacerdócio, devolvendo-lhe a sua carne, cultivando em nós um profundo desejo de abrir espaço para relacionamentos que nos ajudem a ser plenamente nós mesmos e, ao mesmo tempo, plenamente melhores do que somos, exatamente como aconteceu com Pedro, Tiago e João, Marta, Maria e Lázaro.

VI
COTIDIANIDADE
(OU SOBRE POR QUE AS COISAS COMUNS SÃO AS MELHORES PARA NOS TORNARMOS SANTOS)

O verdadeiro lugar onde os relacionamentos acontecem é na normalidade.

O tema da cotidianidade, tal como o vivemos, até mesmo liturgicamente, muitas vezes parece um pouco "frágil" diante dos chamados "tempos fortes". Se interpretássemos o tempo comum como um tempo forte, exatamente como o Advento e a Quaresma, o Natal, a Páscoa, perceberíamos que o tempo comum, aquele de cada dia, é o tempo mais forte de todos. Essa não é somente uma provocação: na verdade, gostaria de aprofundar as razões pelas quais devemos repensar o tempo comum, o tempo da nossa normalidade, o tempo da nossa cotidianidade, como aquele em que está em jogo verdadeiramente o melhor da vida.

Se olharmos para Jesus, perceberemos que a maior parte da sua vida se passa no tempo da cotidianidade. São os seus trinta anos de vida oculta.

O Evangelho quebra o silêncio sobre essa época de forma muito esparsa, apenas um pouco no início, para nos contar como tudo começou (cf. Lc 1–2; Mt 1–2), e por meio de um episódio que aconteceu a Jesus com doze anos (cf. Lc 2,41-52). Depois, há um longuíssimo silêncio até que ele inicie a sua vida pública.

Acredito que o Evangelho não fala sobre aqueles anos não porque não sejam importantes, mas porque é um tempo que foge aos grandes acontecimentos que atraem a nossa atenção. É o tempo normal das coisas do dia a dia, quando Jesus realmente se formou, cresceu e se preparou.

A sua espera vai além do mero aguardar. Ele não espera simplesmente "o sinal" para começar aquilo que é a história da salvação como nós a conhecemos: a vida pública, a sua Paixão, morte e ressurreição. Se utilizássemos uma imagem, poderíamos dizer que o grande salto que Jesus dá na vida pública, que o conduzirá aos acontecimentos da sua Paixão, morte e ressurreição, é preparado por uma corrida, que são os seus trinta anos de vida oculta.

Gostaria de chamar a atenção para esse tema porque a nossa vida, na maior parte das vezes, acontece no dia a dia. Devemos, portanto, compreender em que sentido essa cotidianidade nos santifica.

A FIDELIDADE DO COTIDIANO

Escolhi alguns trechos que podem ajudar-nos a compreender como viver o dia a dia, o tempo comum, o cotidiano.

Isso está profundamente ligado aos nossos relacionamentos. Um relacionamento, de fato, é verdadeiro não quando é episódico, mas quando é cotidiano. Um relacionamento com uma pessoa muda a nossa vida quando há continuidade. É fácil encontrar uma pessoa uma única vez e viver os fogos de artifício de um encontro raro, mas só realmente aprendemos a amar uma pessoa quando partilhamos diariamente a nossa vida com ela. É no dia a dia que se encontra o campo de batalha onde, muitas vezes, os relacionamentos se fortalecem ou se desfazem.

Muitas pessoas que buscam orientação espiritual já tiveram a experiência de viver em família, e, um dos traumas que surgem depois do casamento, por exemplo, é o momento em que começam a viver sob o mesmo teto. Esse é o momento em que muitos relacionamentos passam por uma séria prova, porque conviver com uma pessoa diariamente é o teste daquilo que consideramos ser verdadeiro. Um amor verdadeiro, de fato, deve se mostrar especialmente nas coisas do dia a dia.

Vocacionalmente, isso também vale para cada um de nós.

Todo ministério precisa de estímulos contínuos, mas não se pode passar a vida somente em busca de estímulos, caso contrário, eles correm o risco de se tornar uma espécie de fuga daquela grande "prisão" que é o cotidiano. Recentemente, escrevi que a transgressão que vem do pecado é, muitas vezes, uma forma de escapar do tédio, da prisão das coisas do dia a dia. Transgredimos com o pecado porque não nos estamos santificando na normalidade das coisas, porque não encontramos nada de interessante nas coisas cotidianas. Mas a própria vida de Jesus se desenrolou, sobretudo, nas coisas normais, do dia a dia. Jesus também teve vinte anos, vinte e cinco... também ele passou por fases da vida, e nessas fases viveu experiências que também o moldaram humanamente: os amigos, as pessoas, o Templo, o trabalho – tudo isso que faz parte do cotidiano.

Comecemos, então, por esse grande período dos trinta anos que antecederam a vida pública de Jesus, em que os grandes testemunhos e modelos da vida cotidiana de Jesus são fundamentalmente dois: Maria e José.

MARIA NÃO FOI UM VENTRE A SERVIÇO DE UM PLANO

Reduzir Maria a somente um instrumento, um meio, um recipiente, não creio que seja um grande elogio. Não acredito que o mistério de Maria seja simplesmente instrumental, por ter emprestado o seu ventre ao Verbo. Deus não escolheu simplesmente uma mulher, mas um relacionamento. Escolheu o fato de que Maria e José se amavam. É justamente no relacionamento de duas pessoas que se amavam que Deus resolve entrar. Ele transformou completamente os planos deles, mas é justo dizer que escolheu um relacionamento, e não simplesmente o ventre de uma mulher como se fosse um mero objeto.

Da grande cena da encarnação, não podemos nunca excluir a figura de José, porque somente com a presença dele poderemos compreender plenamente a grandeza do que o Senhor fez. O Filho de Deus não precisou de um palácio, nem de um hospital, nem de uma cidade, nem de um povo solidário, nem de ajuda, nem de apoio econômico, nem de um lugar digno. Para vir ao mundo, ele simplesmente precisava de duas pessoas que se amassem sinceramente. Foi essa a única coisa que o Verbo precisava para vir ao mundo, nada mais.

Atenuamos demasiadamente o tempo do Advento, o tempo do Natal e o tempo da infância de Jesus: nunca falamos dele tal como é, isto é, um conjunto de acontecimentos dramáticos e difíceis. Após o anúncio, Maria não se encontrou em clima de festa e serenidade. Incompreensão, medo e uma realidade totalmente nova, esse foi o cenário em que ela se encontrava. E, depois, o nascimento de Jesus acontece enquanto estão viajando para fazer o ressenceamento, numa situação dificílima, em que não há nada de poético.

Os nossos presépios são extremamente belos, mas talvez não transmitam a ideia de quão difícil foi o que aconteceu, embora eu ache que o Evangelho fez isso bem, pois nos conta que Jesus nasceu à noite, quando não se pode ver nada. Naquele momento, é como se o céu tivesse dito: não precisamos de nenhum cenário ideal para trazer o Filho de Deus ao mundo, exceto do amor que existe entre Maria e José. Esse é o único presépio autorizado pelo Evangelho: o lugar de onde o Verbo veio não é a manjedoura nem a gruta – tudo isso é pano de fundo. Ele veio do relacionamento entre duas pessoas.

Se começarmos a ampliar a nossa perspectiva, deixando de ficar fixados apenas em Jesus como indivíduo, se o recolocarmos por aquilo que ele é, ou seja, uma pessoa com os seus relacionamentos, é impossível pensarmos no evento da Encarnação sem pensar em Maria e José.

Eles são as testemunhas mais credíveis da cotidianidade, porque viveram a cotidianidade de Jesus – foram sua normalidade. Por isso, devemos dirigir-nos a eles e interrogá-los para entender o que é a normalidade, a cotidianidade que nos torna santos. É esse o motivo pelo qual devemos partir do Evangelho da Anunciação (Lc 1,26-38):

> No sexto mês, o anjo Gabriel foi enviado por Deus para uma cidade da Galileia, chamada Nazaré, a uma virgem prometida em casamento a um homem chamado José, da casa de Davi; o nome da virgem era Maria. Entrando

onde ela estava, disse-lhe: "Alegra-te, cheia de graça, o Senhor está contigo!" Ela ficou desconcertada com essa palavra e perguntava-se que tipo de saudação era aquela. O anjo lhe disse: "Não temas, Maria, pois encontraste graça diante de Deus! Conceberás em teu seio; darás à luz um filho e o chamarás Jesus. Ele será grande e será chamado filho do Altíssimo. O Senhor Deus lhe dará o trono de seu pai Davi; reinará para sempre sobre a casa de Jacó, e seu Reino não terá fim". Maria perguntou ao anjo: "Como acontecerá isso, pois não conheço homem?" O anjo respondeu-lhe: "O Espírito Santo descerá sobre ti, o poder do Altíssimo te cobrirá; por isso, aquele que nascer será santo; será chamado Filho de Deus. Também tua parenta Isabel concebeu um filho na velhice, e está no sexto mês aquela que chamavam de estéril. Porque nada será impossível com Deus". Maria respondeu: "Eis aqui a serva do Senhor! Faça-se em mim segundo tua palavra". E o anjo afastou-se dela.

O MEDO É DERROTADO COM O *EIS-ME AQUI* DE MARIA

Desse Evangelho gostaria de destacar simplesmente um detalhe: o medo que Maria vive diante da saudação angélica: "Ela ficou desconcertada com essa palavra".

É algo que muitas vezes nos acontece no dia a dia: o nosso cotidiano é feito de perturbações e de medos, em todas as fases da nossa vida. Quando somos muito jovens, é o medo de não estar à altura do que a vida nos apresentará. Quando começamos a nos tornar adultos, é o medo de que talvez não tenhamos feito a escolha certa. Quando envelhecemos, é o medo de lidar com o que aconteceu, aliado ao medo de nos aproximarmos da morte. Em nossa vida, sempre há um medo, e, quando nos deparamos com ele, podemos simplesmente fazer duas coisas: fingir que ele não existe ou reagir como fez Maria.

Maria não tem medo de ter medo.

O medo normalmente paralisa, mas Maria, diante do medo, pronuncia: "Eis-me aqui!".

Quando as perturbações bloqueiam a nossa vida e nos impedem de fazer escolhas, a nossa normalidade adoece. E, em vez de lugar de santificação, torna-se um túmulo, uma prisão de nossa vida cotidiana.

Voltando ainda às fases da vida, poderíamos dizer que o primeiro medo verdadeiramente grande é o de querer provar algo aos outros, querer sempre sermos reconhecidos conforme os outros nos enxergam. Isso, às vezes, nos impede de tomar decisões, pois vivemos para agradar alguém. A vida, então, apresenta-se-nos como algo que continuamente nos desafia e cria perturbações. Um outro medo que nos paralisa é o de não enfrentar os problemas. Nós os adiamos, os interpretamos, os espiritualizamos, mas não os enfrentamos. Maria, por outro lado, enfrenta tudo, mesmo que não compreenda bem o que o anjo lhe anuncia. Ela responde: "Eis-me aqui".

Se a vida cotidiana não é feita de decisões, em algum momento ela nos mata.

Devemos sempre examinar a nossa consciência sobre as decisões que tomamos.

Costumo dizer nas escolas de oração: "Vejam, se ao final de uma oração não tomamos uma decisão, se a oração não nos leva a tomar uma decisão, essa oração não serviu para nada, porque a verdadeira oração nos impulsiona a assumir a responsabilidade por alguma coisa". Às vezes, é preciso tomar as nossas próprias decisões, mesmo que não tenhamos todas as cartas na mão, com um ato de coragem.

Nossa vida é feita dc tentativas de nos mantermos à tona ou de decisões. E devemos sempre nos perguntar quais decisões estão sendo tomadas, porque, quem não decide, deixa-se viver, talvez até fazendo as coisas certas, mas sofrendo, e essa é a raiz de muitas das nossas infelicidades. Maria, por um instante, pode até ter sofrido com aquele anúncio, mas resgatou imediatamente essa tentação, escolhendo, tomando uma decisão e dizendo: "Eis-me aqui". Enfrentando.

Humanamente, a primeira pergunta que nasce no nosso coração é: "Por quê?". Maria, por outro lado, a primeira pergunta que faz ao anjo é: "Como?". A questão mais interessante é: como se faz para viver isso? Como enfrentar o que estou atravessando neste momento? Maria ensina-nos que a normalidade da nossa existência muda não porque sempre sabemos o motivo das coisas que vivemos, mas porque nos perguntamos: "Como se faz para vivê-las?". Maria diz: "Como isso é possível? Não conheço homem". O anjo lhe responde: "O Espírito Santo descerá sobre ti, o poder do Altíssimo te cobrirá. Porque nada será impossível com Deus". Às vezes, nós também dizemos, pregamos isso, mas não sei se verdadeiramente acreditamos nisso: "Nada é impossível a Deus".

Essa é a primeira etapa da normalidade: tudo o que nos perturba no dia a dia, devemos enfrentar com o "eis-me aqui". É um ato de fé que o Senhor nos pede nas coisas cotidianas. Traduzido de maneira muito simples, significa dizer: "Como posso me tornar santo com o que existe, e não com o que deveria existir?". Não podemos passar a vida sonhando com quão belo será o nosso ministério quando finalmente tivermos aquela comunidade, aquela responsabilidade... Devemos nos perguntar como podemos nos santificar com o que temos hoje.

Às vezes, temos todas as razões para dizer que não é justo o que estamos vivendo, mas isso não nos redime da infelicidade que bate à porta do nosso coração. A única coisa que nos resgata é um "eis-me aqui". Devemos parar de suportar, é isso que Maria nos ensina. Nunca devemos simplesmente aguentar o que estamos vivendo, mas escolher. Escolher, inclusive, aquilo que não escolhemos.

A CARIDADE ABRE AO DISCERNIMENTO

A nossa cotidianidade tem necessidade de discernimento, de entender o que é preciso fazer, o que é certo, para compreender o significado das coisas que estamos vivenciando. Em Lucas 1,39-56, encontramos o já mencionado episódio da visita de Maria a Isabel. Retomo esse trecho porque ele revela que a forma mais elevada de discernimento continua a ser a caridade:

> Naqueles dias, tendo-se levantado, Maria partiu sem demora para uma cidade na região montanhosa dc Judá. Entrou na casa de Zacarias e saudou Isabel. Quando Isabel ouviu a saudação de Maria, o bebê pulou em seu ventre. Isabel ficou plena do Espírito Santo e exclamou com voz forte: "Bendita és tu entre as mulheres, e bendito é o fruto do teu ventre! Por que me acontece isto, que a mãe de meu Senhor venha a mim? Assim que o som da tua saudação chegou a meus ouvidos, o bebê pulou de alegria em meu ventre. Bem-aventurada aquela que acreditou que se cumprirá o que lhe foi dito da parte do Senhor". Então Maria disse: "Proclama minha

alma a grandeza do Senhor, alegra-se meu espírito em Deus, meu salvador, que olhou para a humildade de sua serva. A partir de agora, todas as gerações me chamarão bem-aventurada, porque o Poderoso fez coisas grandiosas para mim. Santo é seu nome, e sua misericórdia, de geração em geração, é para aqueles que o temem. Ele realizou proezas com seu braço: dispersou os planos dos soberbos, derrubou do trono os poderosos e elevou os humildes, cumulou de bens os famintos e despediu vazios os ricos. Auxiliou Israel, seu servo, tendo lembrado da misericórdia, como prometera a nossos pais, em favor de Abraão e de sua descendência, para sempre". Maria permaneceu com ela cerca de três meses e, depois, voltou para sua casa.

Se você se fecha em si mesmo, não compreende nada; mas, se começa a se abrir, a cuidar de alguém, a se doar, o Senhor lhe concede discernimento sobre o que está vivendo. Todo ato contrário à tentação da solidão costuma abrir-nos ao discernimento.

Em um momento particular de grande cansaço interior – de desgaste, de incompreensão –, encontrei-me em conversa com um bom sacerdote, daqueles que, nas confissões, tem a capacidade de ir direto ao ponto. Acreditando estar expressando-me de forma magistral, expliquei-lhe o que eu estava vivendo. A certa altura, eu disse: "O que eu faço, padre?". Ele olhou para mim e disse: "O que fazem os padres?

Confessam, celebram missa, escutam as pessoas. Seja padre e encontrará a solução". Senti meu coração ser trespassado, como se alguém me revelasse a coisa mais evidente do mundo: deixei tudo de lado e fui sentar no confessionário, na igreja. Fiz diariamente o que um padre deve fazer: confessar, rezar bem a missa, anunciar a Palavra, estar à disposição. Esse modo de voltar ao essencial do meu ser sacerdotal, a certa altura, iluminou completamente toda aquela escuridão e angústia que eu carregava dentro de mim. Esse mesmo padre também me disse: "Lembre-se de que pode fazer muitas coisas na vida, mas, fundamentalmente, um sacerdote foi ordenado por dois/três motivos. Nunca os perca de vista. O resto é um acréscimo. Quando estiver em crise, volte a fazer bem o que um padre deve fazer. Faça bem-feito". O que ele quis dizer com isso? Que eu não precisava fazer coisas difíceis, mas sim devia fazer o meu melhor, aquilo para o qual tinha sido chamado.

Nós queremos fazer sempre as coisas mais difíceis, mas a solução às vezes está nas coisas simples, que já não conseguimos mais realizar. O que Maria pode fazer após o anúncio? Tem uma prima, que está grávida e está para dar à luz. Talvez não tenha ninguém que possa ajudá-la. Maria faz o que pode: vai e se coloca à disposição dessa mulher. Assim, recebe uma contrapartida, a perturbação que a afligia é desbloqueada dentro dela e ela pronuncia o *Magnificat*.

O que nos ajuda a fazer o discernimento das coisas de cada dia? O não nos fecharmos. A caridade deve ser entendida como uma forma de abertura para fazer o nosso possível, sobretudo pelos outros, simplesmente recuperando aquilo pelo que fomos chamados.

JOSÉ SONHA E FAZ

Todos nós sonhamos, todos nós temos expectativas: de santidade, de vida eterna ou de cumprir a vontade do Senhor. Todos nós somos tentados a imaginar algo na nossa cabeça, e, se existe uma pessoa ligada aos sonhos, essa pessoa chama-se José – tanto no Antigo quanto no Novo Testamento.

Tenho uma queda por essa pessoa, sou profundamente apaixonado por ela, porque penso que José é o Cristianismo como deveria ser. Ele não é o Filho de Deus, nem sequer nasceu imaculado; é aquele que mais se aproxima de nós. E é a pessoa mais confiável que já existiu, caso contrário, Deus não lhe teria confiado as coisas mais preciosas que possuía: o menino e sua mãe.

O Evangelho não nos conta milagres de José: sua missão se cumpre nos sonhos. Não há sequer uma aparição, não há nenhum sinal extraordinário na vida desse homem.

Ele é o homem dos sonhos porque, antes de tudo, creio que sonhava em se casar com Maria, em formar família.

Provavelmente já tinha em mente como seria seu futuro. Mas, quando Deus irrompe em sua vida, não diretamente, mas através do que acontece à sua futura esposa, o que o abala é ter de renunciar a suas expectativas pessoais. Então, ele faz o que um homem justo faz: tenta salvar o que pode ser salvo, ao menos a vida daquela mulher. Ele sabe que não pode se casar com ela, pois está grávida de um filho que não é dele, mas quer pelo menos preservar sua vida. É preciso que Deus intervenha para retificar esse discernimento, por meio de um sonho. Nele, José é tranquilizado não apenas de que aquela criança é Filho do Altíssimo, mas também que cabe exatamente a ele assumir a responsabilidade pela vida da criança e da mãe. Deve amar aquela mulher ainda mais intensamente e assumir a responsabilidade por um sonho que ele não sonhou.

Existe um momento na vida de cada um de nós em que passamos pela provação da desilusão, porque vemos nossas expectativas serem destruídas. Esse é o momento em que a nossa fé está verdadeiramente em jogo, porque a fé não nos poupa da desilusão, porém indica-nos como nos comportarmos quando as nossas expectativas desmoronam. O comportamento correto é o de José, que assume a responsabilidade pelo que lhe foi confiado e vive a paternidade em seu grau máximo. Algo que também o aproxima muito do sacerdócio. José é, por assim dizer, um pai emprestado. E o que são os sacerdotes senão pais emprestados, chamados a exercer a paternidade sobre filhos que não são seus, sobre pessoas que talvez não conheçam, mas que lhes são confiadas?

José teve que amar Jesus *como se* fosse seu próprio filho, mesmo sabendo que ele não era. Nós, padres, não somos também chamados à mesma paternidade, a amar as pessoas como se fossem nossas, lembrando-nos de que não o são?

Também por isso, José é castíssimo, porque assume a responsabilidade sem jamais tomar posse.

José renuncia ao domínio: à posse sobre a mulher que ama e sobre o Filho. Renunciar à posse não significa desinteressar-se, mas assumir a responsabilidade por aquilo que não nos pertence, por aquilo sobre o qual não podemos reivindicar nenhum direito, porque não é nosso.

A castidade à qual somos chamados pouco vale se for apenas castidade do corpo. Não devemos confundir castidade com continência: castidade é uma forma de amar, não uma forma de deixar de amar ou de reprimir o amor.

A castidade é dar espaço para um sonho que não é nosso, mas que somos chamados a amar como se fosse. Talvez não seja esta também a forma mais elevada de pobreza? Você renuncia a algo que é seu e abre espaço para algo que não é seu, e, em meio a isso, não se sente frustrado, mas vive uma alegria íntima. Porque, quando alguém apenas suporta, de fato, ela se sente frustrada. Mas, quando escolhe, a frustração desaparece.

É sempre o mesmo mecanismo: é insuficiente ser fiel ao celibato, à castidade, à obediência – às exigências que nos são feitas pela Igreja e que estão, canonicamente, estruturadas, codificadas, simplesmente porque nos são impostas. Nunca seremos verdadeiramente felizes assim. Somos chamados a escolher o que a Igreja nos propõe: a escolhê-lo de fato. Porque, se falta liberdade, estamos simplesmente suportando.

Trata-se da perspectiva de José: de quem assume a responsabilidade por algo que é maior que ele e que não pode controlar totalmente. Ele, que é um pai emprestado, só tem a seu favor a confiança de Deus. Sempre que se encontra em dificuldades, revela uma criatividade genuinamente humana, própria dele, mas extraordinária. O Senhor diz a José e também a nós: "O único sinal és tu, porque eu confio em ti". Parece que Deus está ausente, mas, ao contrário, está bem presente e, se não intervém, é porque confia em nós. Quando temos a impressão de que Deus não está agindo em nossa vida, talvez se trate de uma profissão de confiança dele para conosco. Deus sabe que somos capazes de achar uma solução para o que estamos vivendo. Também nós podemos imaginar uma fuga para o Egito, um trabalho, Nazaré, a oficina... Tudo o que caracterizou a vida da família entregue a José, o pai do Redentor, esposo da Bem-aventurada Virgem Maria, guardião da Igreja universal, está, creio eu, muito bem resumido em Mateus 2,21, o versículo que segue o sonho: "Ele se levantou, pegou o menino e a mãe deste". Esse é o lema de todo o Cristianismo. Toda a nossa vida cristã consiste, de fato, em sentir uma profunda responsabilidade para com esse menino e sua mãe (para com Maria, certamente, mas também para com aquilo que é a sua imagem, isto é, a Igreja).

Ter Cristo e a Igreja no coração: não é este o centro de todo o nosso ser cristãos? Maria é o ícone da Igreja, e José vive à luz dessa realidade. Esse homem não possui nada. O que preenche a sua vida de significado é poder cuidar dessas duas pessoas: Jesus e Maria.

Isso não é um desvio devocional meu, mesmo que não haja nada de errado com a devoção, como nos sugere a nossa dimensão afetiva. Não quero sugerir ou acrescentar práticas religiosas à nossa espiritualidade, mas simplesmente dizer que o que nos deve encher de alegria é saber que o *Filho e a sua mãe* nos são confiados. A nós, que celebramos a Eucaristia, onde o Filho de Deus está em nossas mãos no pão eucarístico e no vinho que é sangue; a nós, que administramos a sua misericórdia no sacramento da Reconciliação e que cuidamos fisicamente das pessoas que nos foram confiadas;

a nós, que permanecemos humanos à medida que permanecemos marianos, como Paulo VI disse: "Quem não é mariano não pode ser cristão". O ponto de inversão de tudo não reside tanto em uma devoção externa, mas em uma adesão interna, porque o apego a Cristo e a Maria é o apego àquilo que santificou José, isto é, a normalidade, a cotidianidade, a vida de Nazaré, os trinta anos de vida oculta.

Se tivéssemos isso diante dos nossos olhos, teríamos também todos os ingredientes para santificar a nossa normalidade, a nossa fertilidade, a nossa cotidianidade. Nunca devemos perder de vista o fato de que José é o pai. José que sonha, José o casto, José o obediente, José o prático. Esse homem não fala porque é um homem de ação.

SABER VOLTAR ATRÁS

No cotidiano, porém, podemos também nos perder. Eis por que o Evangelho de Lucas (2,41-50) nos apresenta um episódio em que se perde algo fundamental:

> Todos os anos, seus pais iam a Jerusalém para a festa da Páscoa. Quando Jesus fez doze anos, eles subiram, como de costume, para a festa. Completados aqueles dias, eles regressaram, mas o menino Jesus ficou em Jerusalém, sem que seus pais o soubessem. Pensando que estivesse na caravana, andaram um dia de caminho antes de

> começar a procurá-lo entre os parentes e conhecidos. Como não o encontrassem, regressaram a Jerusalém à procura dele. Depois de três dias, encontraram-no no Templo, sentado em meio aos mestres, ouvindo-os e fazendo-lhes perguntas. Todos os que o ouviam ficavam extasiados pela inteligência dele e pelas respostas dele. Eles o viram e ficaram desconcertados, e a mãe dele lhe disse: "Filho, por que agistes assim conosco? Teu pai e eu te procurávamos angustiadamente". Ele lhes disse: "Por que me procuráveis? Não sabíeis que eu devo me ocupar dos assuntos do meu Pai?", mas eles não compreenderam o que ele lhes dissera.

Perder algo faz parte da vida de todos nós. Podemos ir à missa todos os dias, rezar todos os dias, trabalhar todos os dias para Cristo e, ao mesmo tempo, perdê-lo pelo caminho, sentindo-nos terrivelmente distante dele. Isso pode acontecer, e aconteceu também com Maria e José. Mas, diante dessa perda, depois do drama inicial de perceber que Jesus não está na caravana, eles sabem voltar atrás, e retornam para procurá-lo. Isso é santidade. Embora, dentro de nós, exista a lógica do "*Show must go on*", o espetáculo deve continuar, devemos seguir em frente a qualquer custo! Quando nos perdemos no essencial, devemos saber voltar atrás e ter a humildade de admitir: "Eu o perdi, tenho que procurá-lo". Continuar de qualquer maneira, depois de termos perdido o essencial, significa ir ao encontro da autodestruição, pois, quanto mais avançamos, mais os problemas se enraízam em nós, e sair disso se torna difícil. É melhor ter a humildade de dizer: "Perdi algo" e voltar atrás para procurá-lo.

Essa humildade de voltar atrás, por si só, não basta. É preciso também tempo, é preciso gradualidade – é um caminho, uma jornada. Podemos nos perder e, ao mesmo tempo, nos converter diante desse desencontro. É preciso entender o que Jesus quer dizer, isto é, que ele deve cuidar das coisas do Pai. Na verdade, não é Jesus quem deve vir atrás de nós; somos nós quem devemos segui-lo.

Às vezes, perdemos Jesus porque deixamos de segui-lo, presumimos saber tudo sobre ele, que já o compreendemos plenamente. Por termos o Evangelho na ponta da língua e o proclamarmos aos outros, sentimo-nos confiantes de que estamos do lado certo. Mas, por mais que exerçamos a paternidade, nunca devemos deixar de ser filhos e de nos sentirmos filhos. Até o Papa precisa de alguém que o absolva.

Quando perdemos algo significativo, isso é uma oportunidade de conversão. Deus, muitas vezes, permite a perda porque nos está pedindo uma conversão.

Fomos nós que o perdemos, mas ele não nos perdeu. Ele permanece fiel. Essa é a nossa força, e a normalidade é o lugar da conversão, o lugar onde devemos estar dispostos a mudar de caminho, de mentalidade, de escolhas, e a voltar atrás, para aprender a segui-lo novamente.

Nesse ponto, gostaria simplesmente de perguntar: como é a nossa normalidade? É uma prisão da qual podemos escapar ou é o lugar da nossa santificação?

E o que, dentro de nós, oferece resistência? O que pesa sobre nós? O que suportamos na nossa normalidade?

Se, de fato, fizermos as coisas apenas por dever, poderá surgir um conflito dentro de nós. Precisamos voltar a exercer a liberdade, e não simplesmente manter os nossos problemas e deficiências sob controle. E essa liberdade, talvez, também possa dar-nos um novo protagonismo existencial.

VII
O ESPÍRITO
(OU SOBRE POR QUE SEM SUA FORÇA NÃO PODEMOS IR LONGE)

Neste último capítulo, gostaria de partir de uma experiência presente no Evangelho e que abre espaço para entender o que acontece entre a Páscoa e os cinquenta dias seguintes.

A experiência da cruz, de fato, produz antes de tudo uma ruptura nos discípulos. Todos fogem, e a maioria vive uma espécie de escândalo interior. O único elo que os mantêm unidos, nesse momento, é o medo. Eles se reúnem porque têm medo de ser mortos, temem os judeus, temem sofrer o mesmo destino do Mestre.

Eles tiveram três anos de experiência com Jesus. Viram, ouviram, tocaram, comeram pães e peixes multiplicados. Viram a ressurreição de Lázaro, as curas, as imensas multidões; testemunharam a experiência do cenáculo com a Última Ceia, o lava-pés. Depois houve a experiência da oração no Horto, da prisão, da Paixão, da morte de Cristo.

Se estão juntos agora, é antes de tudo por causa de um vínculo particular, o de uma grande dor e de um grande medo.

Nós achamos que a Páscoa traz de imediato os efeitos desejados. Gostaríamos que, nesse instante, Jesus ressuscitado entrasse em nosso meio e todos pudéssemos vê-lo, assim como os apóstolos o viram, não de uma forma espiritual, mas concreta – para convencê-los de que não era um fantasma, e sim alguém real, sentou-se à mesa, comendo e bebendo com eles e deixando-se tocar. Mas a experiência da ressurreição nunca é imediata, mas passa sempre por uma mediação.

Houve um tempo em que até os apóstolos tiveram que lutar para compreender que estavam diante do Ressuscitado. Não o reconheceram imediatamente, tanto que Jesus teve que mostrar algo de si: "Mostrou-lhes as mãos e o lado", e dizer: "Sou eu mesmo" (cf. Jo 20,20). Ou, como na experiência de Maria Madalena, ele a chamou pelo nome, depois de ter sido confundido com o jardineiro (cf. Jo 20,14-17). As características do Ressuscitado não são "espetaculares". Não existe nenhuma luz imensa sobre ele, com um holofote apontado, nem música de fundo. A experiência do Ressuscitado é tão real que, paradoxalmente, podemos não perceber o quanto ela é verdadeira. É preciso tempo antes de reconhecermos quem é ele. É preciso de uma forma de mediação dentro de nós.

No Quarto Evangelho, é João quem deve fazer discernimento. Ele é o primeiro a dizer: "*É o Senhor*" (Jo 21,7); não é Pedro nem os outros. João usa uma espécie de dedução, reunindo várias coisas que vão acontecendo: as redes vazias, a pergunta do homem na margem e, depois, o pedido, até chegar à intuição: "*É o Senhor*". O mesmo acontece com os viajantes de Emaús, chamados discípulos certamente porque seguiam Jesus. Antes, sabiam muito bem quem ele era, como raciocinava, mas o Evangelho de Lucas afirma que seus olhos estavam impedidos de reconhecê-lo (cf. Lc 24,13-33). Apesar disso, Jesus aproxima-se deles, começa a falar, explica-lhes o significado das Escrituras, e, só depois, eles começam a dizer: "Não estava ardendo o nosso coração quando nos falava no caminho?" (cf. Lc 24,32).

A experiência da Páscoa é uma experiência extraordinária e concretíssima. É o encontro com uma realidade tão nova que os discípulos precisam de tempo antes de compreendê-la. Não basta encontrar o Ressuscitado a fim de que a vida mude e se tenha uma motivação tal que leve a viver de um modo diferente, pondo em prática o que se compreendeu. Mas, apesar de a experiência do Ressuscitado ter se repetido várias vezes, os discípulos permaneciam – e continuam – no cenáculo.

O LIMITE INTRANSPONÍVEL DO CENÁCULO

O cenáculo permanece um lugar de encerramento, de impossibilidade. Poderíamos defini-lo como uma fronteira intransponível. É como dizer: "Eu entendi a teoria, mas a dificuldade está em colocá-la em prática". Às vezes, tudo parece claro em nossa mente: o plano está evidente dentro de nós. Mas ter clareza interior ou mental não é suficiente para tornar tudo viável. Alguém pode pensar que basta força de vontade, mas penso que os apóstolos também tentaram usar a vontade para sair daquela situação. O "vou pescar" de Pedro, na verdade, talvez tenha sido uma última tentativa de fazer alguma coisa. Mas isso não foi suficiente para sair do cenáculo.

Encontrar o Ressuscitado não os ajuda. Refletir não os ajuda. Interiorizar não os ajuda. A vontade deles não os ajuda. O que é, então, que os ajuda a sair daquele recinto? A experiência de Pentecostes.

Não devemos jamais perder de vista esta passagem: o que torna possível uma vida diferente? Tê-la entendido? Não. Tê-la interiorizado? Não. Ter feito certo tipo de experiência? Não. Somente o Espírito torna viável o que encontramos, compreendemos, experimentamos. Somente o Espírito retira os discípulos do cenáculo. Sem Pentecostes, tudo o que viveram, pensaram e encontraram não serve para nada. Existe a necessidade de uma força do alto.

Isso é o que muitas vezes nos falta, quando dizemos: "Sabemos tudo, mas como viver isso?". Sem o Espírito, é impossível. Se não for o próprio Senhor a dar-nos a força e a graça para viver algo, nenhum de nós sabe como fazê-lo.

E isso também deve dar-nos uma grande serenidade e uma grande paz, porque nos sentimos menos sozinhos, sabendo que, precisamente porque não depende de nós, o que podemos fazer é colocar-nos na perspectiva de pedir a graça, a força que vem do alto. O Salmo diz: "Caso recolhas seu sopro, falecem e voltam a seu pó, caso entregues teu sopro, são criados, e renovas a face do solo" (cf. Sl 104,29-30): devemos ter uma atitude de fé profunda, conscientes de que só o Senhor pode nos tirar do nosso cenáculo, seja ele qual for. Só ele pode transformar um encerramento numa oportunidade, porque é ele, sim, que tem a capacidade de "entrar com as portas fechadas" e dizer: "Paz a vós!" (cf. Jo 20,19).

Creio que, na nossa pequena experiência, haja algo muito semelhante, principalmente nos nossos encerramentos que, às vezes, não dependem da nossa vontade, mas do que vivemos, do que não conseguimos realizar.

Quantas vezes nos percebemos pouco livres? O que nos consola, então, é saber que Jesus tem a capacidade de entrar em nossa solidão, em nosso isolamento. Ele sabe entrar ali mesmo quando as nossas portas estão fechadas. E, em todo caso, não é suficiente pensar em simplesmente nos contentarmos em receber dentro de nós a "visita do Ressuscitado", se esse encontro não tiver como consequência a saída da nossa clausura. Nós o encontramos todos os dias quando celebramos ou participamos da Eucaristia. Não é verdadeiramente ele, nesse momento? E, no entanto, quantas vezes a nossa vida permanece a mesma, mesmo depois da missa, mesmo depois de nos aproximarmos do altar, mesmo depois de comungá-lo, de recebê-lo em nós.

Quantas vezes, terminada a celebração, a nossa vida permanece a mesma? E, no entanto, ali está verdadeiramente o Ressuscitado: seu verdadeiro corpo, seu verdadeiro sangue. Na experiência sacramental, ele não está simbolizado: é verdadeiramente ele!

Portanto, cada vez que celebramos a Eucaristia, encontramo-nos na mesma condição dos discípulos diante do Ressuscitado: talvez até tenhamos uma experiência mais íntima do que eles. Eles comiam com ele; nós o recebemos em nós. David Maria Turoldo disse: "Os amantes somente podem parar nos lábios, podem somente se beijar; Cristo ultrapassou esse limiar, foi além; ele não permaneceu no limiar da nossa boca, mas o ultrapassou". E ainda assim, por mais missas que celebremos, parece que a vida continua a mesma. Também nós precisamos de Pentecostes, de um poder que venha do alto.

MARIA NO CENÁCULO

Na narrativa dos Atos dos Apóstolos, no início, é-nos dito que aquilo que os discípulos faziam juntos era rezar.

Buscavam ser um só coração, procuravam a comunhão com as pessoas a seu redor (cf. At 2,42 e 4,32). Inclusive com Maria, a Mãe de Jesus, que, na experiência da Igreja, atua como um elo por vocação, até o fim dos tempos. Enquanto houver uma Igreja no espaço e no tempo, essa mulher continuará a ter o mesmo papel: sua maternidade funciona como um elo nos momentos de crise.

Nas grandes aparições, nas grandes mariofanias da história da Igreja, a presença de Maria faz sempre a diferença nos momentos de crise. É como se ela se oferecesse do mesmo modo que o fez nos primeiros dias no cenáculo: como aquela que mantém unidas as pessoas que têm dificuldades e, por isso, estão divididas, em si mesmas e entre si. Maria é a infiltrada no cenáculo, porque, na verdade, já tinha vivido a experiência de Pentecostes no dia da Anunciação. Já sabia o quanto poderia ser eficaz o encontro com o poder do Altíssimo. Ali, naquele "local fechado", Maria recria o ambiente adequado para poder acolher o Espírito. A possibilidade de oração, em primeiro lugar; a ocasião de escuta, de acolhida, a possibilidade de uma comunhão, embora ainda muito frágil, porque mantida unida por motivos muito humanos, como o medo. Se há uma brecha capaz de abrir o fechamento do cenáculo, é exatamente ela: Maria é o início do Pentecostes.

Essa minha indicação, fortemente mariana, não é inútil. Ajuda-nos a lembrar uma coisa essencial: a verdade da carne de Cristo. Se Cristo, de fato, se parecia com alguém, certamente era com Maria, porque a carne e o sangue que ele carrega são a carne e o sangue dela. Maria não é simplesmente uma decoração, como um vaso de flores que embeleza a mesa. O vínculo que existe entre o Cristianismo e ela, entre a nossa experiência cristã e ela, é o mesmo que existe entre Cristo e ela: um vínculo inseparável, a ponto de o destino do Filho estar intimamente unido ao da mãe.

A história de uma mulher que perdeu um filho de vinte e poucos anos que cometeu suicídio no dia de Natal, enquanto todos almoçavam com os avós, ficou gravada em minha mente. Sua irmã mais nova o encontrou e ligou imediatamente para a mãe. Ela me contou: "Percorri aquele trecho da casa de minha mãe até a minha casa rezando com todas as forças e dizendo: 'Faze com que estejam enganados, faze com que ainda exista esperança'. Mas, quando cheguei lá, ele já estava morto. Tentei reanimá-lo e, enquanto fazia isso, gritava e rezava, mas não houve o que fazer, ele estava morto, tinha se enforcado. As pessoas começaram a chegar e eu estava em choque, não conseguia aceitar que algo tão terrível tivesse acontecido, mas continuei a rezar. E, quando o colocaram no caixão, cheguei perto do rosto do meu filho e comecei a dizer: 'Senhor, tu ressuscitaste Lázaro, tu ressuscitaste a filha da viúva de Naim, creio que tu possas fazer isso. Senhor, faze isso: devolve-me meu filho. Eu acredito que tu possas', mas não consegui nada. Então pensei que tinha que dar algo de mim e disse: 'Leva-me, deixa-me morrer, ninguém vai achar estranho, porque é normal que uma mãe sofra, mas traze-o de volta à vida. Vamos trocar de lugar'". Uma mãe sempre quer fazer essa troca. O que é insuportável para quem perde um filho é esse desejo de se colocar no lugar dele, mas sem poder fazê-lo.

Nos nossos vínculos, tão humanos, como podemos pensar, portanto, que Maria permanece alheia ao mistério do Filho, à Paixão do Filho, ao sofrimento do Filho, à morte do Filho? Mas, se é solidária com ele na Paixão, também o é na ressurreição. Como podemos pensar que, em certo momento, ela possa ser excluída desse mistério? Se essa mulher, desde o início, desde a encarnação, está dentro desse mistério, assim permanecerá para sempre. Por toda a eternidade estará ligada ao mistério do Filho. Portanto, não podemos pensar que Maria possa ser "decorativa". Ela é uma forma do próprio Cristo. Talvez, ao longo do caminho, tenhamos perdido um verdadeiro vínculo com Maria - não sentimental ou acessório, mas essencial. Devemos redescobrir o papel dessa mulher na nossa vida, no nosso anúncio de fé, para que ela possa devolver carne e sangue ao nosso Cristianismo, possa nos dar novamente a oportunidade de acolher a experiência do Espírito e da graça.

Onde quer que Maria esteja, há sempre uma experiência de conversão. É como se essa mulher soubesse preparar os corações, como nas bodas de Caná: "Fazei o que ele vos disser!" - poderia ser este o lema de Maria (cf. Jo 2,5).

Vi vidas mudarem por causa disso. Maria conseguiu abrir espaço na vida de algumas pessoas a ponto de mudar seus corações. Não podemos ignorar o mistério da mãe e, talvez, devêssemos perguntar-nos em que sentido podemos redescobri-lo hoje, para podermos ligar-nos novamente e de maneira saudável a Cristo e preparar-nos para a experiência da graça e de Pentecostes.

Se existe uma força do alto que nos ajuda, o que nos prepara para ela é a maternidade dessa mulher.

A FORÇA DO ESPÍRITO

Leiamos novamente Ezequiel 37,1-14:

> Veio sobre mim a mão do Senhor, e o Senhor me fez sair, em espírito, e me colocou no meio de um vale que estava cheio de ossos. Fez-me passar ao redor deles de todos os lados. Eles eram muito numerosos na superfície do vale e estavam muito secos. Disse-me: "Filho do homem, acaso esses ossos viverão?" Eu disse: "Senhor Deus, tu o sabes".

Não é, talvez, essa a visão pessimista que nós também temos, por vezes, com relação ao que estamos vivendo? Se olharmos ao nosso redor, vemos destruição, até mesmo na própria Igreja. Trata-se de um pessimismo que nasce, também, de certo realismo. As nossas igrejas estão vazias, as nossas tentativas pastorais, por vezes, não conseguem atingir nenhum objetivo, as vocações diminuíram, e a isso se soma uma fragilidade que muitas vezes nos impede de tomar decisões. Em resumo, somos afetados por tudo o que caracteriza o mundo e que, de certa forma, contamina também a nossa experiência eclesial. Também nós vemos ossos ressequidos, e o Senhor pergunta-nos: "Filho do homem, acaso esses ossos viverão?". Para não responder negativamente, pelo menos com diplomacia, deveríamos responder como Ezequiel: "Senhor, tu o sabes". E é justamente aí que o Senhor

> disse-me, então: "Profetiza sobre esses ossos". Tu lhes dirás: "Ossos secos, ouvi a palavra do Senhor!" Assim diz o Senhor Deus a esses ossos: "Eis que eu farei vir a vós o espírito e vivereis. Colocarei sobre vós tendões, farei com que cresça sobre vós carne, estenderei sobre vós pele, colocarei dentro de vós o espírito, e vivereis. Então sabereis que eu sou o Senhor". Profetizei conforme me fora ordenado. Houve um rumor enquanto eu profetizava, um tremor, e os ossos se aproximaram uns dos outros. Olhei, e sobre eles havia tendões; cresceu carne, estendeu-se sobre eles pele, mas não havia espírito neles. Ele me disse: "Profetiza ao espírito, profetiza, filho do homem!" Dirás ao espírito: "Assim diz o

> Senhor Deus: Vem, ó espírito, dos quatro ventos, sopra sobre esses mortos, e eles viverão!" Profetizei conforme me fora ordenado. Penetrou neles o espírito, viveram e firmaram-se sobre seus pés: um exército muito grande. Então ele me disse: "Filho do homem, esses ossos são toda a casa de Israel, que está a dizer: Nossos ossos estão secos, nossa esperança pereceu, fomos eliminados. Por isso, profetiza! Tu lhes dirás: Assim diz o Senhor Deus: Eis que eu abro vossos túmulos. Eu vos farei subir de vossos túmulos, ó meu povo, e vos conduzirei à terra de Israel. Então sabereis que eu sou o Senhor, quando eu abrir vossos túmulos e vos fizer subir de vossos túmulos, ó meu povo. Porei meu espírito em vós, e vivereis, e vos colocarei em vossa terra. Então sabereis que eu, o Senhor, falo e faço". Oráculo do Senhor.

Eu quero confiar mais nesta palavra do que nas minhas sensações. Minhas sensações são como um cemitério, mas o Senhor me diz que ele tem o poder de me tirar do meu túmulo. O Senhor não precisa simplesmente ressuscitar a Igreja, devolvendo-lhe a vida – a Igreja precisa sempre ser reformada, precisa sempre se ligar novamente àquilo que a torna viva –, mas ele também precisa ressuscitar a mim. Porque a maior contribuição que posso dar à reforma da Igreja é a minha conversão.

Se eu mudar, se essa experiência do Espírito for verdadeira na minha vida, se deixar que ele me retire do túmulo, se fizer a experiência de ser resgatado, perdoado, convertido e colocado de pé, se aceitar essa presença de amor e de misericórdia, então isso me transforma, transforma um povo, transforma a situação da Igreja.

O Espírito não muda recipientes, não modifica estruturas: para isso, confia em nós. Mas essa não é a verdadeira mudança. A reforma da Igreja não é uma mudança de estratégias, mas uma transformação interior que parte de cada um de nós.

Não somos os primeiros a viver momentos de dificuldade ou de crise: a Igreja é atravessada por histórias semelhantes. Pensemos na invasão dos bárbaros, no que aconteceu na época de Napoleão ou, mais atrás, nos primeiros séculos da Igreja. Cada época teve as suas crises, e o Senhor sempre respondeu, não com ideias brilhantes, mas com os santos. Cada crise teve santos, que foram a resposta de Deus.

Ou nos tornamos santos, ou não temos o direito de reclamar. Isso é o que talvez devêssemos recuperar: entender que nem mesmo o Senhor está satisfeito com o que estamos vivendo, e ele quer mudar isso por intermédio da nossa santidade. Se, pois, ele pede a cada um de nós que dê a sua contribuição original e única para essa mudança, é porque a característica dos santos é a singularidade. Os santos, geralmente, não se parecem com ninguém, porque levaram a sério a sua individualidade. Tiveram, sim, alguns exemplos a seguir, mas a certa altura tornaram-se plenamente eles mesmos. Estamos vivendo um tempo em que não devemos parecer-nos com ninguém, mas sim sermos plenamente nós mesmos: se devemos assemelhar-nos aos santos, que seja na originalidade. E isso não nasce de uma mesa-redonda, mas de uma obra de conversão, que significa escuta de Deus e bênção da nossa humanidade.

O MAIOR TESTEMUNHO É A MINHA SANTIDADE

Devemos voltar a sentir saudade da santidade, a ter um padrão de vida elevado. Não nos devemos conformar nem contentar com o mínimo. Devemos fazer não apenas o possível, mas mais do que o possível, livres em saber que, se o Senhor nos está pedindo para fazer algo, ele sabe o porquê e como. Se voltássemos ao chamado à santidade, que está na base das nossas vocações, perceberíamos que o Senhor não quer nos usar para algum propósito, mas quer algo conosco. É muito pouco nos considerarmos apenas "instrumentos". "*É pouco para ti seres meu servo,* ... te constituo para ser luz das nações" (cf. Is 49,6). Maria responde ao anjo dizendo: "Eis aqui a serva do Senhor" (Lc 1,38), mas Deus responde a tal disponibilidade fazendo dela mãe e não serva. O Senhor nos quer santos, e os santos são aqueles que se tornaram filhos, verdadeiramente filhos, e por isso pensam como o Pai.

Por exemplo, a parábola dos talentos não trata de negócios. O patrão não está tão interessado em ganhar dinheiro, mas sim que aqueles servos aprendam a agir como ele, mesmo na sua ausência. Isso os transforma, torna-os capazes de algo diferente. Já o mau servo continua a raciocinar como um servo, fazendo um discurso perfeitamente lógico: "Sabendo que és homem severo, que colhes onde não semeaste e recolhes onde não espalhaste, tive medo e fui esconder teu talento na terra. Aqui está o que é teu" (cf. Mt 25,14-30).

É o que, às vezes, nos falta: é insuficiente permanecermos como servos, o Senhor quer que sejamos seus filhos. Ele quer fazer de nós algo novo, quer nos tornar santos, pedir-nos aquela santidade que diz respeito ao nosso presente.

Creio que devemos evitar duas tentações: a de pensar que todas as coisas boas ficaram no passado, porque há coisas boas na novidade das coisas presentes; e pensar que novidade signifique simplesmente "fazer de maneira diferente". Não basta fazer algo de maneira diferente para fazer algo novo. Os santos souberam extrair coisas novas do seu presente.

Como os santos, também nós devemos assumir a responsabilidade pelo nosso presente e perguntar-nos qual é a novidade que o Senhor nos confiou neste momento. Devemos nos comprometer, não ter medo de errar ou de tentar, mas fazê-lo sempre à maneira dos santos, na Igreja, com a Igreja, para a Igreja. Também o mal, de fato, apresenta-se como reformador da Igreja, mas o faz em contraposição, em divisão, com julgamento e acusação. Se o mal se mostrasse como mal, seria fácil reconhecê-lo. O vínculo com a Igreja é o que nos salva. É saber que tudo o que é santo e verdadeiro não pode estar fora da Igreja, mesmo quando ela nos faz sofrer, não nos compreende ou até mesmo se torna ela própria uma forma de martírio. O Senhor também sabe valorizar esse tipo de mortificação, "sabe escrever certo por linhas tortas".

Sempre me impressionou muito uma investigação sobre Padre Pio, que reunia a documentação do Santo Ofício e dos vários ordinários que se sucederam ao longo do tempo, que o fizeram passar por verdadeiros períodos de perseguição. Acredito que todas as pessoas que o atacaram, especialmente do lado romano, agiram em sã consciência: estavam verdadeiramente convencidas, também pelas informações distorcidas que receberam, do que faziam. Também assim nos tornamos santos, com esses mecanismos muito humanos, nos quais às vezes caímos e sofremos em nossa experiência eclesial. Na verdade, creio que isso torna a nossa santidade mais eficaz. Muitos tentaram reformar a Igreja, vários acabaram por dividi-la. Mas, em vez disso, as experiências sérias de reforma sempre geraram uma comunhão renovada.

Santa Teresa de Jesus, por exemplo, que, junto com São João da Cruz, iniciou a reforma do Carmelo, não enfrentou suas maiores dificuldades com os hereges, mas com os confrades. São João da Cruz foi mantido trancado em uma prisão como um cão. E, no tempo em que esteve preso, tempo de perseguição também física, escreveu as suas mais belas páginas místicas. Precisamente durante a experiência de dor e de incompreensão por parte da Igreja, o Senhor revelou o lado místico desse homem e todo o seu ensinamento espiritual, que ainda hoje continua fazendo o bem.

Os grandes frutos têm sempre suas raízes na experiência da cruz. No fim das contas, podemos dizer as coisas mais belas sobre a santidade e a originalidade do nosso presente, mas isso nunca nos manterá a salvo de experiências de incompreensão, de fadiga, de sofrimento. Há uma atitude que, sobretudo na Idade Média, foi muito enfatizada, a do *Christus Patiens*, que a dominação espanhola traduziu nas estátuas do *Ecce Homo*. O *Christus Patiens* é a expressão da mansidão de Jesus: "Insultado, não replicava com insultos, sofrendo, *não ameaçava, mas se entregava àquele que julga com justiça*" (cf. 1Pd 2,23). Como é difícil ser manso! No entanto, é na mansidão que se revela o estilo do Cristianismo.

Creio verdadeiramente que o Cristianismo também é uma questão de estilo. Nós somos chamados a anunciar a Verdade, mas nem todas as formas de o fazer são corretas.

Cristo nos ensinou o caminho da mansidão, e isso deveria tornar-se a marca da nossa vida. Ser cristão não significa dizer: "Está tudo bem, tenho tudo sob controle, consigo fazer tudo, entendi tudo", mas sim reconhecer, antes de tudo, que pertencemos a ele, e é isso que nos faz encontrar forças para enfrentar todo o resto.

Somos chamados a ser "pais", somos chamados a ser líderes, as pessoas nos olham como aqueles que deveriam indicar o rumo, como aqueles que deveriam dar respostas. Mas nunca devemos esquecer que, tal como João Batista, também nós somos apenas amigos do Esposo; e que é, antes de tudo, porque somos filhos que nos podemos permitir ser "pais"; é por sermos discípulos que podemos exercer o múnus de "mestres" em relação aos outros. É precisamente porque sabemos que temos proteção e apoio que conseguimos seguir em frente.

Nosso sucesso ou fracasso como sacerdotes depende da nossa relação com Cristo. Não se baseia tanto em nossas qualidades humanas, mas sim nessa relação, nessa ligação com ele.

O Salmo 139,8-12 diz o seguinte:

> Se escalar os céus, ali tu estarás:
> se me acamar no mundo inferior, também ali estarás.
> Caso levantasse as asas da aurora

e morasse no final do mar,
também lá tua mão me guiaria
e tua direita me agarraria.
Eu disse: "Que apenas trevas me engulam,
e a noite se torne luz ao meu redor!"
As trevas, porém, não se farão trevas diante de ti,
e a noite iluminará como o dia.
As trevas serão igual à luz.

Dá-me paz pensar em tudo isso: saber que Cristo não está somente no céu, mas também nas minhas más escolhas, nas minhas fraquezas, nos meus fracassos, naquilo que não entendo, naquilo em que erro. É dessa sua fidelidade que depende toda a nossa alegria: se há uma razão pela qual estamos felizes, é porque ele é fiel, e não porque sejamos merecedores.

BREVE EPÍLOGO

Estas páginas foram apenas uma tentativa singela de dialogar com o Batismo de cada pessoa. Afinal, testemunhar é um batismo que deu frutos.

A teologia chama isso de santidade.

Mas, no fundo, é algo simples; quem encontrou Cristo não pode mantê-lo escondido. E é justamente nessa incapacidade de guardar segredo que se revela o melhor do testemunho. Na verdade, isso acontece por um excesso, um transbordamento do coração.

Não podemos ser testemunhas sem compreender que o que importa é agarrar-nos a Cristo com todas as nossas forças; aliás, seria mais correto dizer "deixar-nos agarrar por ele".

Só quem se deixou agarrar por ele dessa forma se torna um facho de luz em uma noite escura. Só quem se deixou amar assim se torna *alguém para quem olhar.*

Tem razão, então, São Pedro quando escreve: "Nós temos, também, a palavra profética, ainda mais confiável, à qual fazeis bem em prestar atenção, como a uma lâmpada que brilha em um lugar escuro, até que o dia amanheça e a estrela da manhã se levante em vossos corações" (2Pd 1,19). As testemunhas são a palavra profética que Deus continua a pronunciar na noite do mundo. São uma luz que brilha em lugar escuro. E é precisamente graças a elas que conseguimos não amaldiçoar a noite, mas atravessá-la sabendo que não estamos em um caminho rumo ao nada, mas em direção ao Pai. E, nessa jornada, precisamos de *alguém para quem olhar* para não nos perdermos e para nos recordarmos de "quem somos" e "a que somos chamados".

Paulinas

Rua Dona Inácia Uchoa, 62
04110-020 – São Paulo – SP (Brasil)
Tel.: (11) 2125-3500
paulinas.com.br – editora@paulinas.com.br
Telemarketing e SAC: 0800-7010081